DR RANJ

DYSGU AM DYFU A THEIMLO'N WYCH

Darluniau gan
DAVID O'CONNELL

Addasiad
CATRIN WYN LEWIS

RILY

I Arjan, Rohan, Sajjan ac Oscar.
Cadwch fod yn wych! – R.S.

Cyhoeddwyd gan Rily Publications Ltd 2023.
Rily Publications Ltd, Blwch Post 257, Caerffili CF83 9FL
www.rily.co.uk

Addasiad: Catrin Wyn Lewis

Cyhoeddwyd gyntaf ym Mhrydain Fawr yn 2021 gan Wren & Rook,
argraffnod Hachette Children's Group sy'n rhan o Hodder and Stoughton,
dan y teitl *How to Grow Up and Feel Amazing*.

ISBN: 978-1-80416-342-9

Argraffwyd yn y DU gan Ashford

CYMYSGEDD
Papur o
ffynonellau cyfrifol
FSC® C011748

Cyfarwyddydd Cyhoeddi: Debbie Foy
Cyfarwyddydd Golygyddol: Liza Miller
Uwcholygydd: Sadie Smith
Cyfarwyddydd Celf: Laura Hambleton
Dyluniad gan Sarah Finan

CYNNWYS

HEI, TI! IE, TI!

Diolch O GALON am ddewis y llyfr hwn. Wn i ddim beth wnaeth i ti estyn amdano. Efallai dy fod wedi dechrau sylwi ar newidiadau yn y ffordd rwyt ti'n teimlo, neu yn dy gorff. ('O, flewyn bach, O ble daethost ti?') Neu, mae'n bosib dy fod wedi clywed pobl yn sôn am 'hormonau' neu 'prifiant' neu 'y glasoed'. Efallai'n wir fod Mam neu Dad yn hamddenol braf wedi gadael y llyfr hwn 'ar ddamwain' – wps! – yn rhywle ble fyddi di'n siŵr o'i weld.

Sut bynnag dest ti yma, **CROESO!**

Mae'r llyfr hwn yn trafod tyfu. Yn fwy penodol, mae'n trafod y daith o fod yn fachgen i ddod yn ddyn – siwrnai sy'n gallu teimlo'n ddryslyd iawn. Dwi'n eitha siŵr bod cant a mil o gwestiynau'n gwibio drwy dy feddwl. Paid â phoeni. Dwi yma i dy gefnogi. Cadw ati i ddarllen, a gobeithio daw pethau'n gliriach.

Cyn mynd dim pellach, dwi am gyflwyno fy hun. Dr Ranj yw fy enw a dwi'n feddyg sy'n arbenigo mewn iechyd pobl ifanc (pediatrydd). Efallai dy fod wedi fy ngweld ar y teledu, ond fy mhrif waith yw gofalu am blant a phobl ifanc yn yr ysbyty. Chwe blynedd o hyfforddi yn y coleg meddygol, a deunaw mlynedd o weithio mewn ysbytai, a dyma fi! Mae'r hyfforddiant a'r profiadau wedi fy nysgu sut beth yw hi i fod yn berson ifanc, ac am y newidiadau mawr sy'n digwydd wrth dyfu.

Creda neu beidio, roeddwn i'n berson ifanc fy hun unwaith, hefyd! Profais uchafbwyntiau ac iselbwyntiau yn ystod y cyfnod hwnnw – yn llythrennol, gan mai fi oedd y person byrraf yn fy nosbarth am flynyddoedd. Roeddwn i'n hwyr yn datblygu, ac yn llawn embaras am hynny – holais fy hun yn aml, a fyddwn i byth 'yn ddyn'?! Dysgais i fyw gyda hynny – a do, fe dyfais!

Bu adegau pan nad oedd fy iechyd meddwl yn dda iawn, a bu'n rhaid i mi wneud sawl penderfyniad mawr am sut roeddwn i eisiau byw fy mywyd. Mwy am hynny nes ymlaen. Ond y peth pwysig yw fy mod i wedi dod drwy hynny i gyd, a dwi yma heddiw. Mae'r person ydw i heddiw yn ganlyniad i'r holl brofiadau ges i wrth dyfu. Oherwydd hynny, a fy ngwaith meddygol, dwi wedi gweld a phrofi'r rhan fwyaf o bethau mae bechgyn yn eu hwynebu. A diolch byth, dysgais ffyrdd o ddelio â'r heriau sy'n ein hwynebu ni i gyd. Ysgrifennais y llyfr hwn i rannu'r cyfan gyda ti.

Pan eisteddais a dechrau ysgrifennu'r llyfr hwn, gofynnais i mi fy hun: Beth yw 'bod yn fachgen', heb sôn am 'FOD YN DDYN'? Mae rhai pobl eisiau i fechgyn siarad mewn ffordd benodol, hoffi pethau penodol a gwisgo dillad penodol. Rhaid i ddynion fod yn arweinwyr; yn gryf, yn gyhyrog ac yn olygus – ond oes?

Doedd yr ansoddeiriau hynny ddim yn perthyn i fi, nac i lawer o fy ffrindiau. Cymerais gam yn ôl. Fel arfer pan wyt ti'n gofyn i rywun esbonio beth yw bachgen, sôn am y corff y gwnân nhw'n gyntaf. Yn naturiol, gan fy mod i'n feddyg, dechreuais i feddwl am feioleg – a 'GERIACH' y corff dynol.

Ym mhennod un, byddi di'n darllen am rannau dy gorff, a phethau fel

Y GLASOED HORMONAU A BLEW WYNEB.

Wrth gwrs, mae lot mwy i dyfu'n ddyn na'r tri pheth hyn. Wrth ddarllen, fe ddysgi di am yr holl bethau pwysig eraill hefyd, fel sut i ddeall teimladau, sut i gael perthynas dda gyda theulu a ffrindiau, a sut i ofalu am y corff a'r meddwl.

Ydy pob bachgen yr un peth?

Dylai pob bachgen hoffi ceir a gwisgo glas. Wel, y newyddion da yw bod hynny **DDIM** yn wir! Mae bechgyn yn edrych yn wahanol, ac maen nhw'n hoffi pethau gwahanol. Tra bod rhai'n hoffi chwarae pêl-droed ac adeiladu den, mae eraill yn dwlu ar gelf a cherddoriaeth. Ffasiwn a dawns yw diddordebau rhai.

Mewn byd lle rydyn ni'n aml yn clywed sut 'dylen ni' deimlo, a beth 'ddylen ni' wneud, gall fod yn hawdd anghofio pwy ydyn ni go iawn. Mae'r pwysau a'r disgwyliadau yn ein rhwystro ni rhag bod yn 'ni', a gall hyn wneud i ni deimlo'n anhapus. Cofio'r adeg pan wnaeth dy ffrind wneud i ti deimlo'n 'wahanol' am hoffi rhywbeth penodol? Chwarddaist ti ac esgus mai jocian oeddet ti. Doedd hynny ddim yn teimlo'n grêt, nac oedd? Gad i fi esbonio …

Glywaist ti erioed am **JESSIE J**? Mae hi'n anhygoel.

Am lais! O blith ei holl ganeuon enwog, un o fy ffefrynnau yw 'THIS IS ME'. Ar ddiwedd y corws, mae'n canu: 'JUST BE TRUE TO WHO YOU ARE'. Jessie, dwi'n cytuno â phob gair – 'BYDD YN DRIW I TI DY HUN.'

Dydy bod yn fachgen ddim yn ddibynnol ar sut rwyt ti'n edrych, yn ymddwyn, neu os wyt ti'n hoffi pethau penodol. Pa ots o ble rwyt ti'n dod neu beth rwyt ti'n wisgo; beth yw dy hoff liw, dy ddiddordebau a dy swydd ddelfrydol? Dydy bod yn fachgen yn ddim i'w wneud â phwy wyt ti'n ffansïo neu'n ei garu. Does dim rhaid i ti fod yn un peth neu'r llall. MAE PAWB YN WAHANOL, felly mae'n bwysig bod yn driw i ti dy hun.

Felly, beth mae'n olygu i fod 'yn fachgen'? Wel, gall olygu beth bynnag rwyt ti eisiau iddo olygu. Ti sydd i benderfynu. Cyn belled â dy fod ti'n hapus, ac yn berson da, jyst bydd yn ti dy hun!

Efallai dy fod yn meddwl:

YMMM, RANJ, DOES GEN I DDIM CLIW PWY YDW I ETO.

Paid â phoeni. Ddoi di i ddeall wrth i ti dyfu. Rwyt ti'n darganfod pwy wyt ti – dyna sy'n gwneud y daith yn un mor gyffrous. Ac os dysgi di i wrando arnat ti dy hun yn ystod y siwrnai honno, bydd y daith yn haws.

Dwi am fod yn onest: dydy tyfu ddim wastad yn hawdd. Bydd amseroedd da, ac amseroedd drwg. Mae llinell arall yng nghân Jessie J sy'n dweud: 'It's OK not to be OK'. Dyna daro'r hoelen ar ei phen. 'Mae'n IAWN i beidio bod yn iawn.'

Ti'n gweld, does dim rhaid i ti fod yn hapus o hyd. Er mwyn gwerthfawrogi'r amseroedd da, mae'n rhaid i ti brofi'r amseroedd drwg, a gwybod sut deimlad yw hynny. Dwyt ti ddim ar dy ben dy hun – mae pawb yn teimlo fel hyn wrth dyfu. Mae gen i lawer o syniadau sut i godi dy galon; ar dy ben dy hun, neu gyda help rhywun arall.

BETH AM DDECHRAU?

Bydd yr hwn rwyt ti eisiau bod. Bydd y llyfr yma'n help i ti wneud hynny. Byddwn ni'n archwilio pob rhan o dyfu, ac yn esbonio'r hyn byddi di'n ei brofi yn y broses.

Byddwn ni'n siarad am sut bydd y corff a'r meddwl yn newid, a sut i ofalu amdanyn nhw. Cawn sgwrs am dy deimladau a dy emosiynau, a sut i ddelio gyda'r rheini. Dysgwn ni hefyd am berthynas. Hynny yw, dy berthynas di gyda phobl eraill: ffrindiau, teulu, ac unrhyw un rwyt ti'n ffansïo (pan fyddi di'n teimlo'n barod). Fe wnawn ni hyd yn oed drafod pethau fel y cyfryngau cymdeithasol a'r we, achos fe fyddan nhw'n rhan fawr o dy fywyd, hyd yn oed os nad ydyn nhw yn barod.

Fy ngobaith i yw bydd y llyfr hwn yn rhoi lot o wybodaeth a syniadau i ti am sut i fod y fersiwn gorau ohonot ti – cei di **DDYSGU SUT I DYFU I FYNYN HAPUS!**

Wrth i ni fynd ymlaen, fe weli di fod pob pennod yn dechrau gyda chân. Dwi wrth fy modd â cherddoriaeth, a does dim yn fy ngwneud i'n hapusach na chanu yn y gawod bob bore. Penderfynais ddewis caneuon gwych i ti gael gwrando arnyn nhw, i gyd-fynd â thema pob pennod. Doedd hi ddim yn hawdd, cofia … mae cymaint o ddewis!

BAROD?

AMDANI!

Ranj

1

Gawn ni ddechrau gydag un o fy hoff ffilmiau: *THE GREATEST SHOWMAN*.
Mae Hugh Jackman yn chwarae dyn sy'n creu syrcas yn llawn perfformwyr o bob lliw a llun, pob un â thalent unigryw. Gwers y stori yw bod lle i bawb yn y byd. Does dim ots pwy wyt ti na sut rwyt ti'n edrych.

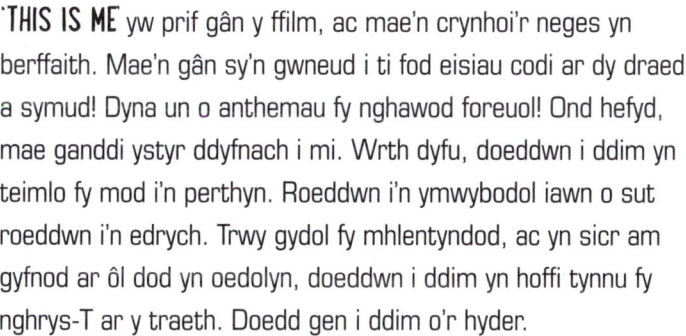

'THIS IS ME' yw prif gân y ffilm, ac mae'n crynhoi'r neges yn berffaith. Mae'n gân sy'n gwneud i ti fod eisiau codi ar dy draed a symud! Dyna un o anthemau fy nghawod foreuol! Ond hefyd, mae ganddi ystyr ddyfnach i mi. Wrth dyfu, doeddwn i ddim yn teimlo fy mod i'n perthyn. Roeddwn i'n ymwybodol iawn o sut roeddwn i'n edrych. Trwy gydol fy mhlentyndod, ac yn sicr am gyfnod ar ôl dod yn oedolyn, doeddwn i ddim yn hoffi tynnu fy nghrys-T ar y traeth. Doedd gen i ddim o'r hyder.

Mae'n deimlad go gyffredin. Ond fe sylweddolais – ymhen hir a hwyr – fod fy nghorff i'n **ANHYGOEL**. Efallai dy fod ti'n credu:

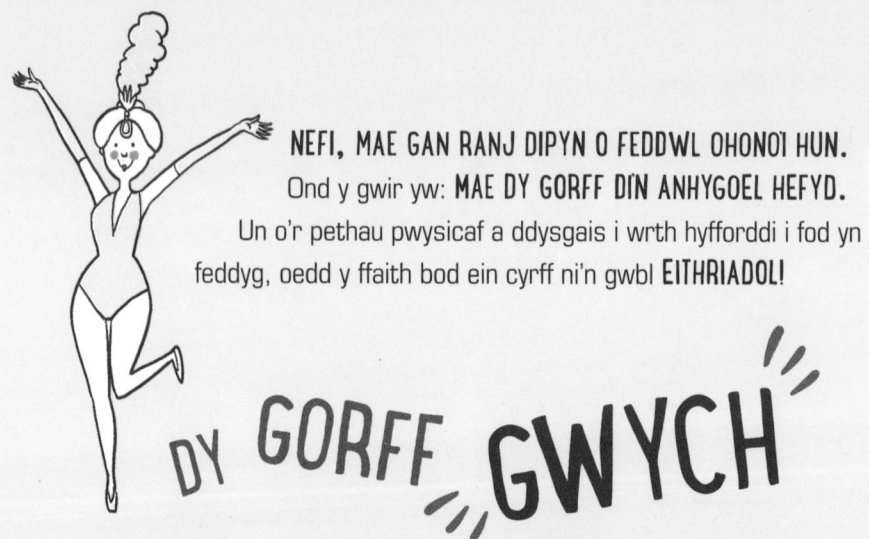

NEFI, MAE GAN RANJ DIPYN O FEDDWL OHONO'I HUN.
Ond y gwir yw: **MAE DY GORFF DI'N ANHYGOEL HEFYD.**
Un o'r pethau pwysicaf a ddysgais i wrth hyfforddi i fod yn
feddyg, oedd y ffaith bod ein cyrff ni'n gwbl **EITHRIADOL!**

DY GORFF GWYCH

Y gwir yw bod dy gorff di'n beiriant **RHYFEDDOL.** Mae'n gwneud
cymaint, heb i ti hyd yn oed sylwi. Oeddet ti'n gwybod bydd dy
galon di'n curo tua 150,000 o weithiau heddiw? Neu byddi di'n
cymryd tua 30,000 anadl? A byddi di'n amrantu (blincio) tua
25,000 gwaith?

Mae'r peiriant **SYFRDANOL** hwn yn dy alluogi i wneud pob math
o gampau campus, fel gymnasteg yn y parc, siarad â dy fam ar
ddiwedd diwrnod hir, gwylio ffilm, rhedeg i ddal y bws pan wyt
ti'n hwyr, sglaffio brechdan i ginio (sy'n cael ei droi'n egni gan dy
gorff – fel y galli di ddysgu a gwneud popeth yn yr ysgol). Mae
hynny'n eithaf sbesial, on'd yw e?

Ond mae dy gorff yn gymaint gwell nag
unrhyw robot. Yn wahanol i beiriannau
eraill, mae dy gorff di'n newid dros amser.
Un o'r newidiadau mwyaf yw'r **GLASOED.**

BETH YW'R GLASOED?

Glasoed yw'r gair am y cyfnod hwnnw pan mae dy gorff di'n troi o fod yn blentyn i fod yn oedolyn. Fel arfer mae hyn yn dechrau rhwng deg a deuddeg oed, ond fe all fod yn gynt neu'n hwyrach na hynny. Mae'n digwydd i bawb; mae merched yn tueddu i ddechrau'n gynharach na bechgyn.

Nid dim ond ar y tu allan mae'r newidiadau'n digwydd. Mae cyfnod y glasoed yn newid dy ymennydd a'r ffordd rwyt ti'n meddwl, hefyd. Efallai byddi di'n gweld bod dy deimladau di ar chwâl ym mhobman. Felly ...

BYDD YN BAROD AM DAITH WYLLT AC EMOSIYNOL!

Galli di deimlo'n hapus un funud, ac yna'n oriog a blin y funud nesaf. Paid â phoeni, mae hyn i gyd yn **NORMAL**.

Mae'r glasoed yn dechrau pan fydd dy gorff di'n dechrau creu cemegion o'r enw **HORMONAU**. Efallai dy fod wedi clywed am ambell un, fel **OESTROGEN** a **TESTOSTERON**. Testosteron yw'r prif hormon sy'n cael ei greu gan fechgyn, ac oestrogen yw'r prif hormon sy'n cael ei greu gan ferched. Mae'r hormonau yma yn achosi newidiadau yn dy gorff er mwyn i ti droi'n oedolyn. Er enghraifft, mae testosteron yn dy wneud di'n gryfach ac yn fwy blewog.

Dyma lun sy'n dangos rhai o'r newidiadau.

WYNEB – Bydd blew yn dechrau tyfu ar dy wyneb, fel mwstásh neu farf. Gall dy groen gynhyrchu mwy o olew, ac efallai y cei di blorod.

LLAIS – Bydd dy lais yn mynd yn ddyfnach.

CYHYRAU – Daw dy gyhyrau'n fwy amlwg, a byddi di'n teimlo'n gryfach.

BREST – Efallai bydd y tethau (*nipples*) yn chwyddo ac yn teimlo'n fwy sensitif. Bydd y teimlad hwn yn mynd yn wannach wrth i ti symud drwy'r glasoed.

BREICHIAU – Daw blew dros dy freichiau, yn arbennig yn dy geseiliau. Gall rheina ddechrau teimlo'n fwy chwyslyd a drewllyd hefyd.

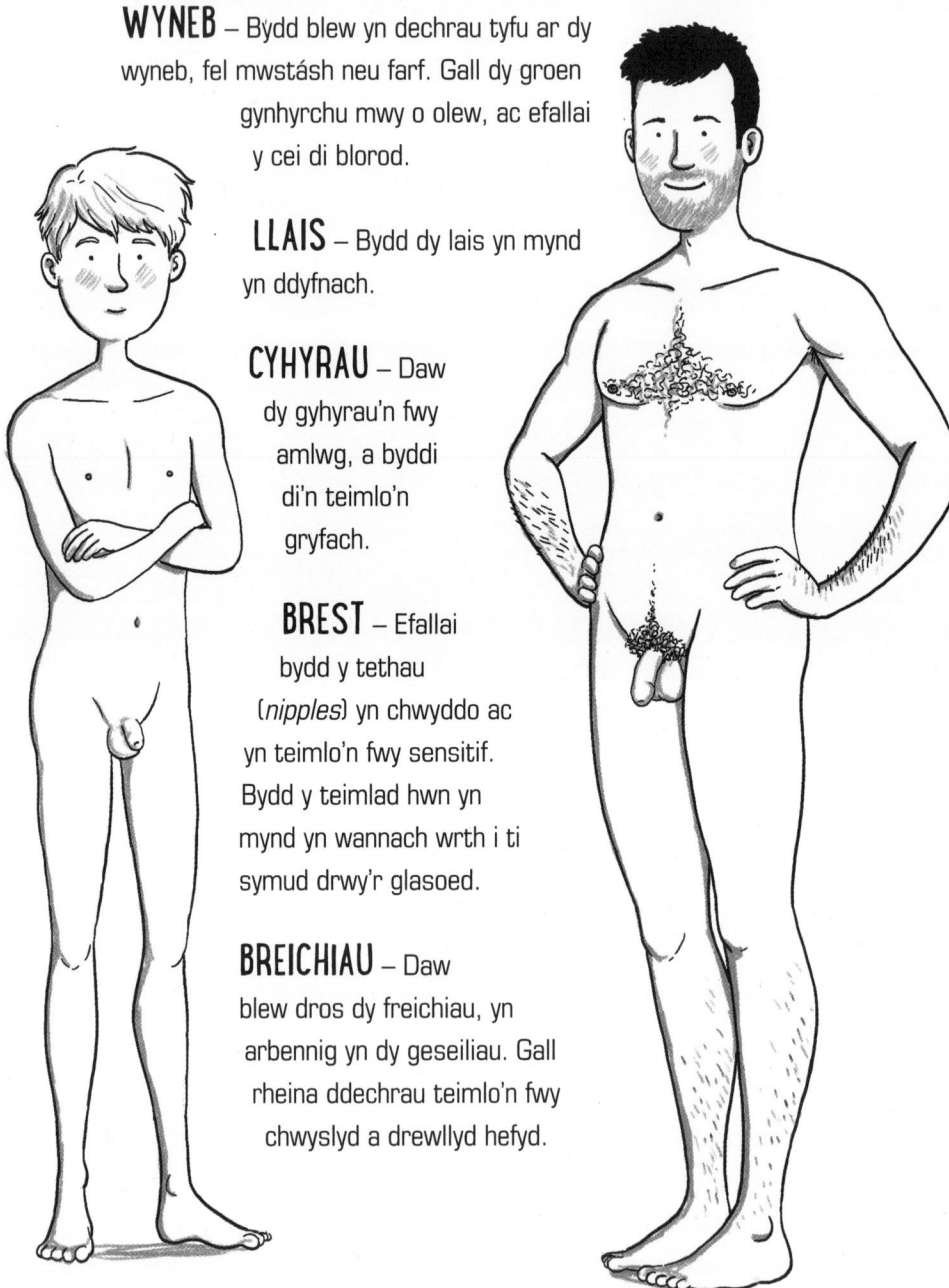

ORGANAU CENHEDLU – Bydd dy bidyn a dy geilliau'n tyfu'n fwy ac yn dod yn fwy blewog.

COESAU – Bydd dy goesau'n tyfu'n hirach, ac yn troi'n fwy blewog.

TRAED – Bydd dy draed di'n tyfu.

Y CORFF – Byddi di'n dod yn dalach, a bydd dy gorff yn newid ei siâp. Er enghraifft, bydd dy frest a dy ysgwyddau'n lledu.

 **POENAU PRIFIO**

Efallai dy fod wedi clywed am rywbeth o'r enw **POENAU PRIFIO (GROWING PAINS)**. Poenau sy'n mynd a dod wrth i ni dyfu yw'r rhain. Dydyn ni ddim yn gwybod pam eu bod nhw'n digwydd, a dydyn nhw'n ddim i'w wneud â thyfu chwaith, a dweud y gwir. Maen nhw i'w teimlo yn y coesau fel arfer, ac maen nhw'n waeth yn y nos. Dyw'r boen ddim yn niweidiol a bydd yn mynd ar ei phen ei hunan. Gall ymlacio mewn bath cynnes a thylino dy goesau helpu.

I fi, roedd y glasoed yn gyfnod anodd. Roedd fy ffrindiau i'w gweld yn datblygu'n gynt ac yn gyflymach na fi ac roeddwn i'n teimlo'n wahanol – ac yn edrych yn dipyn ifancach na phawb arall. Roedd gen i gywilydd wrth newid fy nillad cyn gwersi ymarfer corff, gan feddwl bod fy ffrindiau'n beirniadu. Ond y gwir yw, doedden nhw ddim yn poeni, a doedd dim angen i fi wneud chwaith. Dechreuodd fy nglasoed ychydig yn hwyrach na phawb arall, ond fe ddaliais i fyny, ymhen hir a hwyr!

Wrth hyfforddi i fod yn feddyg, dysgais ein bod ni i gyd yn tyfu ar wahanol adegau; rhai'n gyflymach neu'n arafach nag eraill. Felly os wyt ti byth yn teimlo dy fod ar ei hôl hi, ceisia ymlacio. Fyddi di ddim yn aros am byth!

BOIS A'U 'PETHAU'

WILI, BILI, PIDLEN, WIGLEN, BI-JI BO, PELI, CERRIG – oes, mae ganddyn nhw sawl enw, ond y term gwyddonol cywir yw organau cenhedlu. Mae'r rhain wedi'u gwneud o sawl rhan wahanol ac mae gan bob un ei swydd ei hun. Tra bod rhai yn hongian ar y tu allan, mae eraill yn swatio ar y tu mewn.

Mae dysgu am bob rhan o dy gorff yn bwysig iawn os wyt ti'n mynd i dyfu'n hapus a hyderus.

Mae'r lluniau yma'n dangos sut gallai organau cenhedlu bechgyn edrych o'r **TU ALLAN**, a hefyd ar y **TU MEWN**, gan gynnwys rhai o'r organau o'u cwmpas.

PIDYN
Yr organ sy'n arwain o'r tu mewn i'r corff i'r tu allan.

CEILLGWD
Sach sy'n dal dy geilliau.

BLAENGROEN
Y croen sy'n gwarchod blaen y pidyn. Mae rhai pobl yn cael hwn wedi'i dynnu.

BLAEN PIDYN
Y darn sensitif ar flaen y pidyn (yn aml wedi'i orchuddio gan y blaengroen). Efallai sylwi di ar ambell smotyn bach arno. Papiwlau yw'r rhain ac maen nhw'n hollol normal.

PROSTAD

Chwarren (*gland*) ar waelod y bledren sy'n creu hylif i'r sberm nofio ynddo.

Y BLEDREN

Sach sy'n storio troeth (pi-pi) tan ei fod yn barod i ddod allan.

RECTWM

Ble mae ysgarthion (pw) yn cael eu dal tan eu bod yn barod i ddod allan.

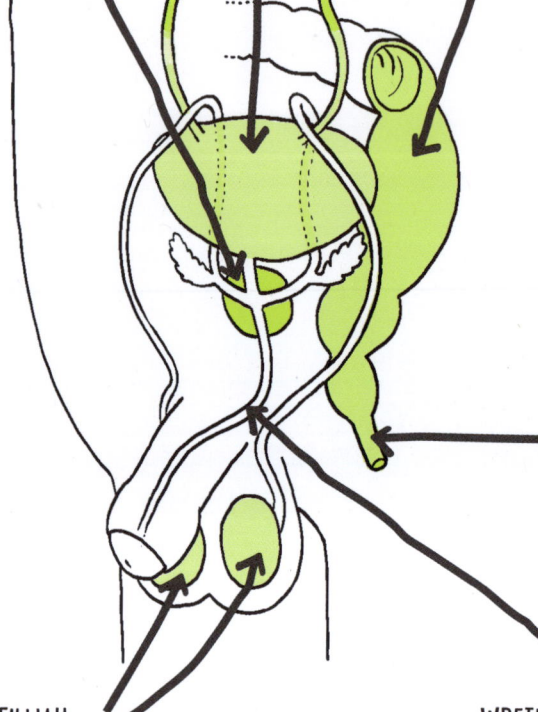

ANWS

Ble mae'r ysgarthion (pw) yn dod allan pan wyt ti'n mynd i'r tŷ bach.

CEILLIAU

Dwy bêl sy'n cynhyrchu hormonau (i helpu dy gorff i dyfu a throi'n oedolyn) a sberm (sy'n helpu i wneud babis – mwy am hyn ym mhennod pedwar).

WRETHRA

Tiwben sy'n arwain o'r bledren i'r tu mewn i'r pidyn. Mae troeth (pi-pi) yn dod o'r bledren, trwy'r diwben hon ac yna allan o'r corff.

 # BLAENGRWYN

Mae pawb yn cael eu geni gyda **BLAENGROEN**, ond mae rhai bechgyn yn cael hwn wedi'i dynnu, fel arfer pan maen nhw'n ifanc iawn. Y gair am hwn yw enwaediad (*circumcision*). Weithiau, bydd y blaengroen yn cael ei dynnu am resymau meddygol (e.e os yw'n dynn iawn), efallai oherwydd dy grefydd (e.e Iddewiaeth neu Fwslemiaeth), neu (yn hwyrach mewn bywyd) oherwydd dewis personol. Gall peidio â chael blaengroen wneud y pidyn ychydig yn llai sensitif, ond ddylai hyn ddim effeithio ar sut mae'n gweithio.

PA mor fawr?

MAE AMBELL FACHGEN YN HOLLOL OBSESSED GYDA MAINT EI BIDYN.

Byddan nhw'n ei fesur, ac yn brolio pa mor hir yw e – er bydd y rhan fwyaf wedi bod yn greadigol iawn gyda'r rhif! Bydd llawer o drafod pa mor hir y dylai e fod, ond mewn gwirionedd, does dim pwynt cymharu achos mae pawb mor wahanol.

Dwi am rannu cyfrinach: yn wahanol iawn i honiadau'r rhan fwyaf o fechgyn, mae'r pidyn 'arferol' yn llawer llai nag y mae pobl yn ei feddwl. Felly, anwybydda'r brolwyr! Bydd siâp a maint dy bidyn yn newid wrth i ti dyfu, gan ddibynnu ar sawl peth, yn cynnwys pa mor oer wyt ti, ac os wyt ti wedi cynhyrfu.

Mae organau cenhedlu pawb yn edrych yn wahanol – mae pob lliw a llun yn normal. Ar ôl gorffen tyfu bydd y rhan fwyaf o bobl yn hapus gyda'r hyn sydd ganddyn nhw. Ond os yw hyn yn rhywbeth sy'n dy boeni di, gallai sgwrs gyda dy feddyg helpu.

Codiad yn codi cywilydd

Mae pidyn bachgen fel arfer yn feddal a llac, ond weithiau mae'n mynd yn galed ac yn sticio allan. Efallai dy fod wedi sylwi ei fod yn gwthio yn erbyn dy drowsus i greu pabell! Y gair am hwn yw **CODIAD** (*erection*). Mae'n digwydd pan mae gwaed yn llifo i'r pidyn a'i lenwi, sy'n ei wneud yn galed.

Gall codiad ddigwydd ar unrhyw oed, ond, diolch i hormonau, mae'n fwy cyffredin yn ystod ac ar ôl blynyddoedd y glasoed.

Fel arfer bydd yn digwydd pan wyt ti'n cyffwrdd â dy bidyn. Efallai dy fod wedi darganfod hyn yn barod os wyt ti'n un am gadw dy law i lawr dy drowsus yn aml! Gall codiad ddigwydd hefyd os wyt ti wedi cynhyrfu neu'n meddwl am ryw, a byddwn ni'n siarad am hyn yn fwy ym mhennod pedwar. Fe weli hefyd fod codiad yn fwy tebygol y peth cyntaf yn y bore.

Yn anffodus, yn ystod y glasoed, gall codiadau ddigwydd ar hap, er enghraifft pan wyt ti'n eistedd ar fws. Gall hyn wneud i ti deimlo ychydig o embaras,

Pan wyt ti'n cael **CODIAD**, mae dy wrethra yn cael ei wasgu, sy'n golygu nad wyt ti'n gallu pi-pi. Byddi di'n gallu pi-pi eto pan fydd y codiad wedi mynd i lawr.

ond paid â phoeni: mae wedi digwydd i bawb!

Mae croesi dy goesau neu roi dy fag neu glustog yno'n helpu i'w guddio. Gall peidio â meddwl amdano helpu hefyd, a throi dy sylw at rywbeth hollol wahanol (**FEL DY WAITH CARTREF MATHS**). Os nad ydy hynny'n gweithio chwaith, esgusoda dy hun a cher i'r tŷ bach tan ei fod wedi setlo.

CODI LLAIS

Un o'r newidiadau mwyaf amlwg wrth i ti dyfu yw bod dy lais yn mynd yn fwy dwfn.

Mae dy lais yn cael ei greu yn dy **FLWCH LLAIS**, sydd y tu mewn i dy wddf, yn y blaen, o dan dy ên. Mae'n symud pan wyt ti'n siarad neu'n canu. (Betia i dy fod ti'n ei gyffwrdd wrth i ti ddarllen hwn!)

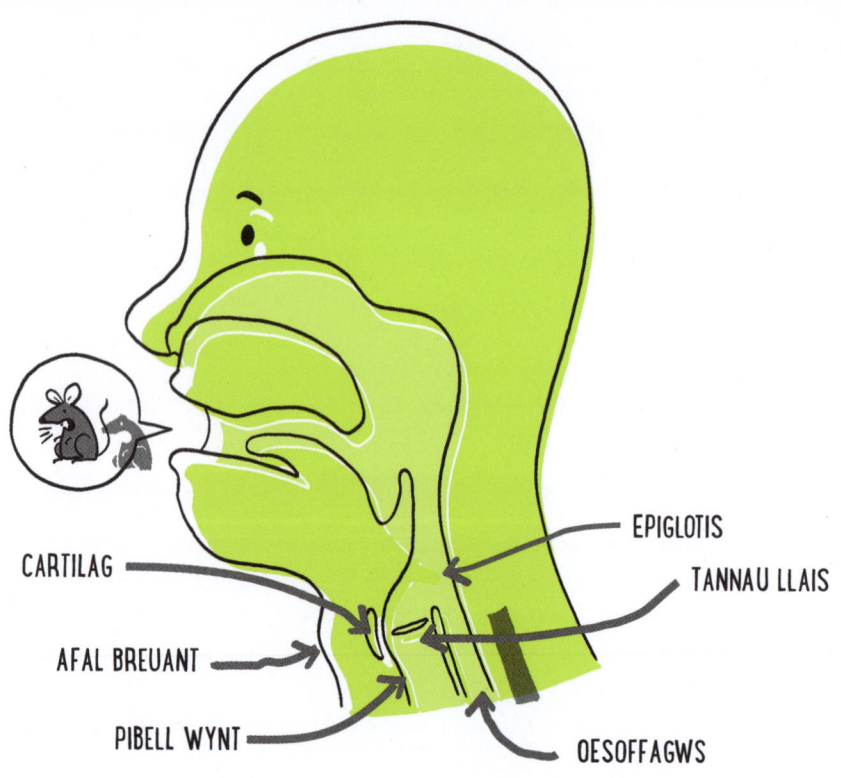

CARTILAG

EPIGLOTIS

TANNAU LLAIS

AFAL BREUANT

PIBELL WYNT

OESOFFAGWS

Yn ystod y glasoed bydd testosteron yn gwneud i dy flwch llais dyfu. Wrth iddo gynyddu mewn maint, bydd dy lais yn dyfnhau ac yn swnio'n fwy fel un 'dyn'. Mae'n bosib bydd dy flwch llais yn dechrau sticio allan hefyd – dyma sy'n cael ei alw'n afal breuant (*Adam's apple*). Ond dydy hyn ddim yn digwydd i bawb.

I ddechrau, gall fod yn anodd rheoli dy lais. Efallai byddi di'n teimlo embaras wrth siarad achos bydd traw dy lais (*pitch*) yn **CODI** a **GOSTWNG** yn gyflym iawn (neu, mewn geiriau eraill, byddi di'n gwichian ychydig). Bydd dy ffrindiau'n siŵr o fwynhau clywed hyn, ond byddan nhw'n mynd trwy'r un peth yn union. Paid â phoeni, fydd hyn ddim yn para'n hir, ac fe fydd gen ti lais cyson, dyfnach, cyn pen dim.

CARU DY GROEN

Wyt ti wedi sylwi nad yw dy groen mor feddal erbyn hyn? Mae hyn oherwydd bod dy groen yn newid wrth i ti dyfu, yn enwedig croen dy wyneb.

EFALLAI SYLWI DI AR SMOTIAU HEFYD

Bydd smotiau neu blorod yn ymddangos wrth i hormonau wneud i'r croen gynhyrchu hylif olewog o'r enw sebwm. Daw'r olew hyn o'r croen drwy dyllau bach o'r enw mandyllau. Os bydd y mandyllau yma'n blocio, yna … bŵm! Bydd gen ti bloryn!

Bwrw golwg ar blorod

Gall plorod neu smotiau ymddangos unrhyw le ar y corff. Fel arfer, byddan nhw'n dod mewn mannau sydd â llawer o fandyllau – fel dy wyneb, dy wddf, dy frest a dy gefn.

Pan fydd y mandyllau'n blocio, gallan nhw droi'n lliwiau gwahanol. Os yw'r mandwll wedi'i flocio ac ar gau, yna bydd yn wyn – PEN GWYN (*whitehead*). Os yw wedi'i flocio ond ar agor, yna bydd yn edrych yn dywyll – PEN DU (*blackhead*).

Weithiau bydd y plorod yn troi'n goch a phoenus. Acne yw'r gair am hyn. Bydd acne yn digwydd os bydd plorod yn cael eu heintio gan germau o'r enw bacteria sy'n byw ar y croen.

Dwi'n lwcus – ches i erioed acne. Ond mae pobl sy'n dioddef ohono'n gallu teimlo'n hunanymwybodol iawn. Os bydd hyn yn digwydd i ti, cofia nad dy fai di yw hyn – y glasoed sydd ar waith. Weithiau bydd pobl yn gwneud hwyl am y peth ac yn dweud bod acne'n dod os nad wyt ti'n gofalu am dy groen, ond dydy hyn ddim yn wir. Mae'n bwysig i ti siarad â meddyg neu fferyllydd os yw dy acne'n dy wneud di'n ddigalon. Gallan nhw awgrymu rhyw driniaeth neu eli allai helpu. Paid ag anghofio, bydd popeth yn gwella gydag amser. Roedd gan Brad Pitt (un o actorion mwyaf golygus Hollywood) acne pan oedd yn ifanc, ac edrycha arno fe nawr! Efallai nad wyt ti'n gyfarwydd â'r enw yna, ond dwi'n siŵr bod pawb yn gwybod pwy yw Zoella (Zoe Sugg). Dwi'n ei hadnabod drwy ei brawd, Joe. Roedd ganddi hi acne difrifol hefyd, ond nawr mae hi'n creu flogs am harddwch!

Sut i ofalu am dy groen

Bydd y rhan fwyaf o blorod yn gwella heb driniaeth, a byddi di'n cael llai ohonyn nhw wrth i ti fynd drwy'r glasoed. Dyma'r amser i ddysgu sut i ofalu am dy groen.
1) Golcha dy wyneb bob dydd. Mae'r rhan fwyaf o bobl yn gwneud hyn ddwywaith: ar ôl deffro, a chyn mynd i'r gwely.

MATHAU O BLOROD

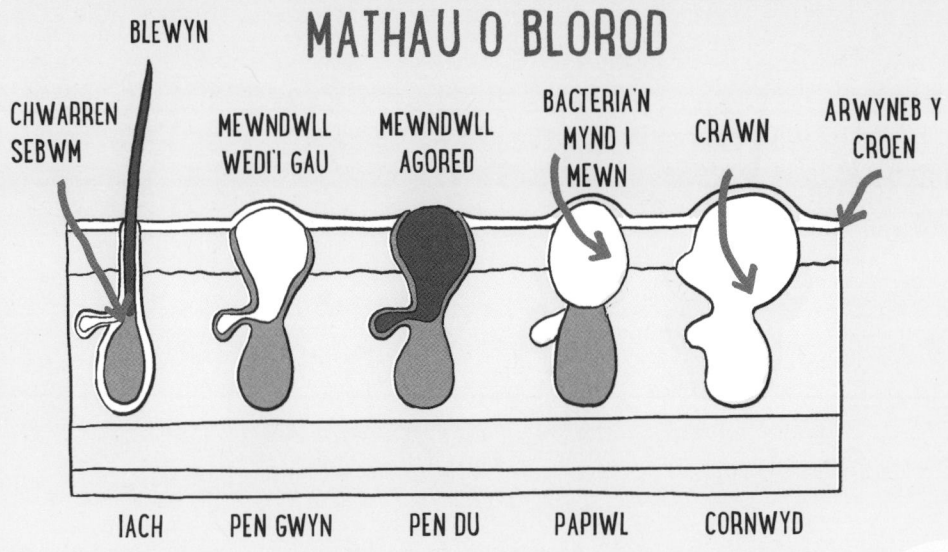

CHWARREN SEBWM — BLEWYN — MEWNDWLL WEDI'I GAU — MEWNDWLL AGORED — BACTERIA'N MYND I MEWN — CRAWN — ARWYNEB Y CROEN

IACH · PEN GWYN · PEN DU · PAPIWL · CORNWYD

2) Bydd dŵr ac efallai ychydig o sebon wyneb yn ddigon i olchi dy wyneb. Mae rhai pobl yn defnyddio sebon arferol, ond gall hyn sychu'r croen, felly bydd yn ofalus.

3) Sycha dy wyneb â thywel ar ôl ymolchi.

4) Os bydd dy groen yn teimlo'n sych, defnyddia eli croen syml.

5) Os oes gen ti acne neu broblemau croen eraill, efallai bydd dy feddyg yn dweud wrthot ti am ddefnyddio eli neu sebon arbennig. Dilyna'r cyfarwyddiadau.

Gwna dy orau i beidio crafu dy blorod, er dy fod ti ar dân eisiau gwneud!

O, DW I'N GWYBOD, MAE MOR ANODD PEIDIO CRAFU!

Ond os wyt ti'n eu crafu, byddan nhw'n cymryd yn llawer hirach i wella, ac fe allet ti gael creithiau. Felly, hyd yn oed os wyt ti'n teimlo'r awydd i fyrstio'r falŵn – paid! (IAWN, os wyt ti'n mynnu, gwna'n siŵr dy fod ti'n golchi dy ddwylo cyn ac ar ôl gwneud.)

DWEUD HELÔ WRTH HYLENDID

Pan fydd bechgyn yn tyfu, byddan nhw hefyd yn chwysu, yn enwedig yn y ceseiliau. Dydy chwys ddim fel arfer yn drewi, ond fe all wneud os bydd bacteria ar y croen yn dechrau bwydo arno. Mae hi'n bwysig felly ymdrechu i gadw dy hun yn lân. Dyma beth rydyn ni'n ei alw'n hylendid da. Bydd chwysu hefyd yn golygu mwy o newid dillad, a fyddi di'n methu gwisgo dy hoff grys-T fwy nag unwaith, heb fod angen ei olchi. Bydd yn barod am ragor o olch!

Mae'n syniad da i ymolchi neu gael cawod pob dydd, yn enwedig ar ôl cymryd rhan mewn gemau neu chwaraeon sy'n dy wneud di'n fwy chwyslyd (A DREWLLYD!). Mae'n bwysig cadw dy geseiliau, dy bidyn a cheilliau, a dy ben-ôl yn lân, gan mai dyma'r mannau mwyaf chwyslyd a drewllyd, fel arfer. Defnyddia ychydig o sebon syml neu jel cawod a dŵr er mwyn cael gwared ar chwys a bacteria.

Efallai byddi di'n sylwi ar stwff melynwyn yn casglu dan flaengroen dy bidyn. SMEGMA yw hwn. Cymer ofal wrth ymolchi a glanhau dy bidyn yn iawn yn y gawod neu'r bath er mwyn cael gwared ar hwn: tynna'r blaengroen yn ôl yn ara' deg, a glanhau odano er mwyn cael golchi'r smegma i ffwrdd. Os nad yw hi'n hawdd i ti dynnu dy flaengroen yn ôl, paid â'i orfodi. Os yw'n dynn iawn, cer i siarad gyda'r meddyg.

OS YW DY GESEILIAU YCHYDIG YN DDREWLLYD,

defnyddia ddiaroglydd ar dy geseiliau ar ôl i ti gael cawod. Gall hyn fod yn chwistrellydd neu'n *roll-on*, sy'n helpu i gael gwared ar ddrewdod. Arbrofa gyda mathau gwahanol, ac arogleuon gwahanol, tan i ti weld pa un sy'n gweithio orau i ti. Bydd yn ofalus rhag anadlu gormod o fygdarth (*fumes*) wrth ddefnyddio chwistrellydd – gall hyn fod yn beryglus iawn.

Os wyt ti'n chwysu llawer a bod hyn yn dy wneud di'n hunanymwybodol, beth am drio diaroglydd gwrthchwys sy'n dy atal di rhag chwysu cymaint – *antiperspirant*? Os yw pethau'n ddifrifol wael, mae'n werth cael sgwrs gyda meddyg neu fferyllydd, gan fod yna stwff cryfach ar gael. Dwi'n chwysu'n drwm – yn enwedig o fy nwylo, fy nhraed a fy ngheseiliau – oherwydd bod gen i gyflwr o'r enw hyperhidrosis. Dwi'n defnyddio diaroglydd arbennig i'w atal.

BLEW, BLEW YM MHOBMAN!

Or diwedd, y newid mawr olaf: blew!

Mae blew dros y corff i gyd, ond mae rhai blewiach mor fach fel na allwn ni eu gweld. Yn ystod cyfnod y glasoed mae mwy o flew yn tyfu diolch i ... ie, ti'n iawn, hormonau.

Byddi di'n sylwi bod mwy o flew yn dod ar dy wyneb wrth i ti ddechrau tyfu mwstásh neu farf. Bydd blewiach yn dod fan hyn a fan draw heb batrwm, ond dros amser, bydd y cyfan yn tyfu gyda'i gilydd. Bydd mwy o flew yn tyfu ar dy frest hefyd, ac yn dy geseiliau, ar dy goesau a dy freichiau, ac o gwmpas dy bidyn a dy geilliau. Blew piwbig yw'r enw ar y blew sy'n tyfu wrth dy bidyn a dy geilliau, a bydd y blew yma'n fwy trwchus a chyrliog. Gall hefyd fod yn lliw gwahanol (yn dywyllach, fel arfer) i'r gweddill.

Eillio neu beidio

Does dim angen i ti wneud unrhyw beth arbennig er mwyn gofalu am y blew yma i gyd – ti sy'n penderfynu sut rwyt ti'n edrych. Weithiau, mae pobl eisiau eillio eu hwynebau, ac mae eraill yn penderfynu peidio am eu bod nhw'n hoffi sut mae'n edrych, neu oherwydd eu crefydd. Ond mae gan rai ysgolion reolau am flew wyneb.

Dechreuais i eillio pan oeddwn i tua phymtheg oed, a dysgais i fy hun sut oedd gwneud. Hen bryd hefyd – doedd gen i ddim syniad sut i eillio pan ges i fwstásh yn gyntaf.

ROEDDWN I'N EDRYCH FEL HEN DDYN BACH!

Diolch byth, galli di elwa nawr ar fy mhrofiad i!
Tips Dr Ranj ar gyfer eillio gyda rasel wlyb:

1 Bydd angen rasel arnat ti. Dylai fod yn newydd ac yn lân a dim ond ti ddylai ei defnyddio. Yn ddelfrydol, pryna rasel gyda phaneli diogelwch bach fel nad wyt ti'n torri dy hun yn ddamweiniol.

2 Y tro cyntaf i ti eillio, byddai'n syniad cael oedolyn wrth dy ochr. Gallan nhw wirio bod popeth yn iawn a rhoi help llaw os oes angen.

3 Gwlycha dy wyneb. Rho haen o jel neu ewyn eillio ar y croen o gwmpas dy geg a dy farf.

4 Gwlycha'r rasel a llithra hi'n ofalus ac yn araf i'r cyfeiriad mae'r blew yn tyfu. Gall mynd yn erbyn cyfeiriad y blew achosi smotiau.

5 Ar ôl gorffen y symudiad, golcha'r rasel gyda dŵr, ac yna cer yn ôl at gam 4.

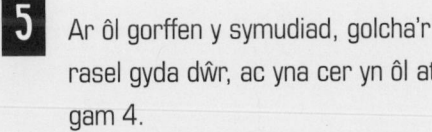

6 Cymer ofal arbennig mewn mannau lle gallet ti dorri dy hun (e.e. wrth ymyl dy geg, neu wrth unrhyw smotiau sydd gen ti). Os wyt ti'n torri dy hun, defnyddia ddarn o bapur tŷ bach i stopio'r gwaedu, neu rho blastr arno.

7 Ar ôl i ti orffen, golcha dy wyneb gyda dŵr a chwilia am unrhyw flew rwyt ti wedi'u colli. Yna, sycha'r cyfan gyda thywel.

8 Mae rhai pobl yn teimlo bod eillio'n sychu eu croen. Gallet ti ddefnyddio eli wyneb, neu falm ôl-eillio (*aftershave balm*).

Wrth gwrs, fe allet ti ddefnyddio eilliwr trydan, gan nad oes angen dŵr, ac mae llai o siawns byddi di'n torri dy hun, yn enwedig os oes gen ti blorod neu acne.

Mae rhai oedolion yn penderfynu eillio neu dorri'r blew ar rannau eraill o'u cyrff hefyd, fel ar eu brest, neu eu blew piwbig. Gall hyn fod oherwydd eu bod yn dewis gwneud, neu am resymau crefyddol (e.e crefydd Islam). Os wyt ti'n dewis eillio'r mannau hyn, bydd yn ofalus iawn nad wyt ti'n torri dy hun!

Siwpyr-steilio

Mae gofalu am y blew ar dy ben yr un mor bwysig â phobman arall. Trwy olchi dy wallt gyda siampŵ byddi di'n ei gadw'n lân, ac os wyt ti'n dymuno defnyddio cyflyrydd (*conditioner*), bydd hyn yn help i'w gadw'n feddal. Golcha dy wallt pan fydd yn teimlo'n frwnt neu'n seimllyd – efallai na fydd angen gwneud pob dydd. Gall golchi dy wallt yn rhy aml ei ddifrodi, a'i wneud yn sych iawn. Hefyd, mae angen gofal arbennig ar rai mathau o wallt, fel gwallt Affro, felly gwna'n siŵr dy fod ti'n gwybod sut i wneud hyn (dylai dy rieni neu dy frawd neu chwaer allu dangos i ti).

Dwi wedi trio sawl steil gwallt gwahanol wrth i fi dyfu – mae'n rhan o'r hwyl o ddarganfod pwy wyt ti! Gwallt byr, hirach yn y blaen, rhanniad i'r ochr, sbeics. Weithiau, dwi'n steilio fy ngwallt yn wahanol, gan ddibynnu ar fy hwyliau'r diwrnod hwnnw, neu beth dwi'n bwriadu ei wneud. Felly paid â bod ofn arbrofi gyda steil gwallt gwahanol – neu tyfa dy wallt yn hir, os hoffet ti. Gall defnyddio mŵs, jel neu chwistrellydd dy helpu i steilio, ond gwna'n siŵr dy fod ti'n darllen y cyfarwyddiadau gyntaf, a phaid â defnyddio gormod ohono! Gallai edrych yn rhyfedd neu deimlo'n anghyfforddus. O, a gofala beidio'i gael yn dy lygaid!

AWTSH!

MERCHED

A'R GLASOED – CANLLAW

Nawr, mae angen i ni siarad am hyn am funud. Mae cyrff merched yn newid wrth iddyn nhw dyfu hefyd. Pan fydd merched yn dechrau'r glasoed, byddan nhw'n cynhyrchu mwy o'r hormon oestrogen, ac mae hyn yn newid eu cyrff mewn ffordd wahanol i gyrff bechgyn, sy'n newid yn bennaf oherwydd yr hormon testosteron. Mae'r glasoed yn dechrau ychydig yn gynharach i ferched – rhwng wyth a thair ar ddeg oed. Mae'r llun hwn yn rhoi syniad bras i ti o'r newidiadau sy'n digwydd.

WYNEB – Gall y croen droi'n fwy smotiog (fel bechgyn).

BREST – Bydd bronnau'n datblygu ac yn mynd yn fwy. Gall hyn fod yn boenus yn ystod y glasoed.

CESEILIAU – Bydd rhain yn troi'n fwy blewog (fel bechgyn).

CLUNIAU – Bydd rhain yn lledaenu.

34

ORGANAU CENHEDLU – Bydd tu allan i'r organau cenhedlu (y labia) yn mynd yn fwy, a bydd blew yn tyfu o gwmpas yr ardal.

CORFF – Yn gyffredinol, bydd merch yn tyfu'n fwy ac yn dalach (fel bachgen), ac efallai bydd ei chorff yn newid siâp wrth i'w bronnau a'i chluniau ehangu.

Dyma ddiagram i ddangos sut mae organau cenhedlu merch yn edrych o'r **TU ALLAN** i'r corff. Yr enw ar y rhannau allanol hyn yw **FWLFA**.

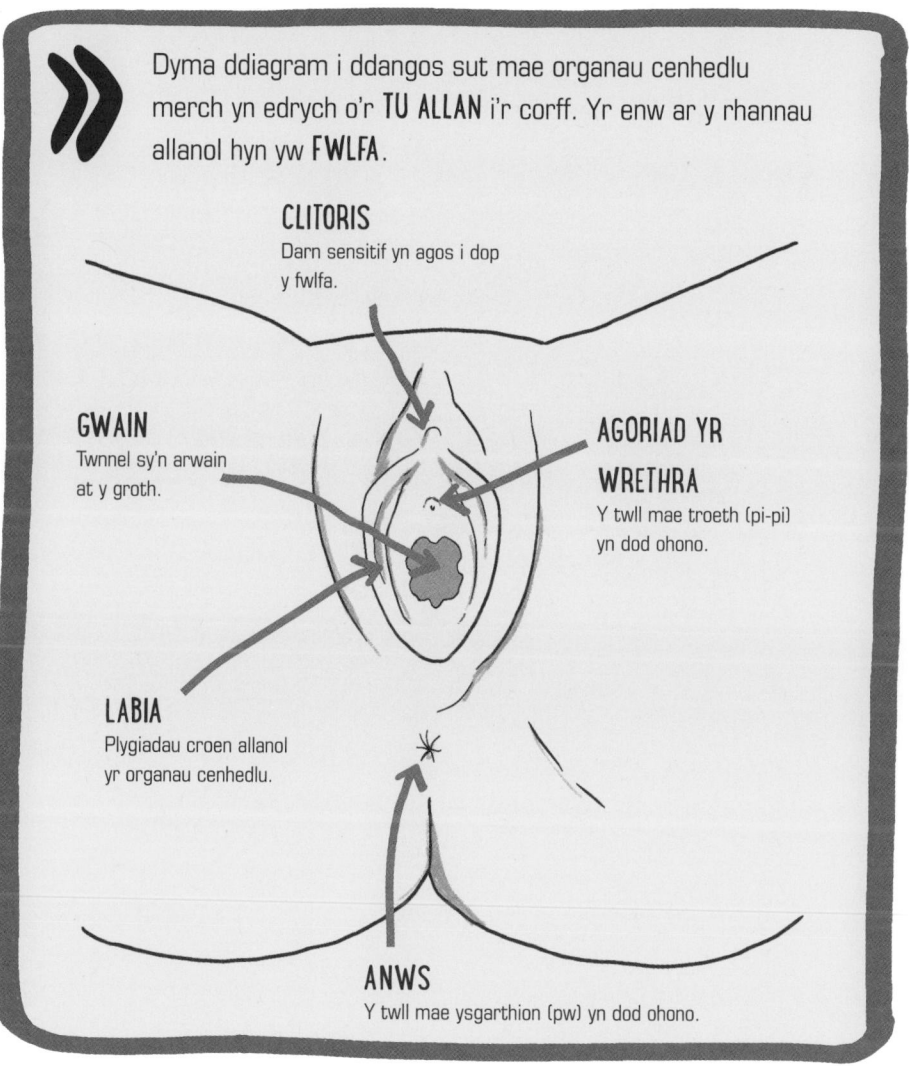

CLITORIS
Darn sensitif yn agos i dop y fwlfa.

GWAIN
Twnnel sy'n arwain at y groth.

AGORIAD YR WRETHRA
Y twll mae troeth (pi-pi) yn dod ohono.

LABIA
Plygiadau croen allanol yr organau cenhedlu.

ANWS
Y twll mae ysgarthion (pw) yn dod ohono.

Dyma ddiagram i ddangos **TU MEWN** i gorff merch. Sylwi di ar rai rhannau sy'n edrych yn debyg i rai bechgyn, ac eraill sy'n wahanol iawn.

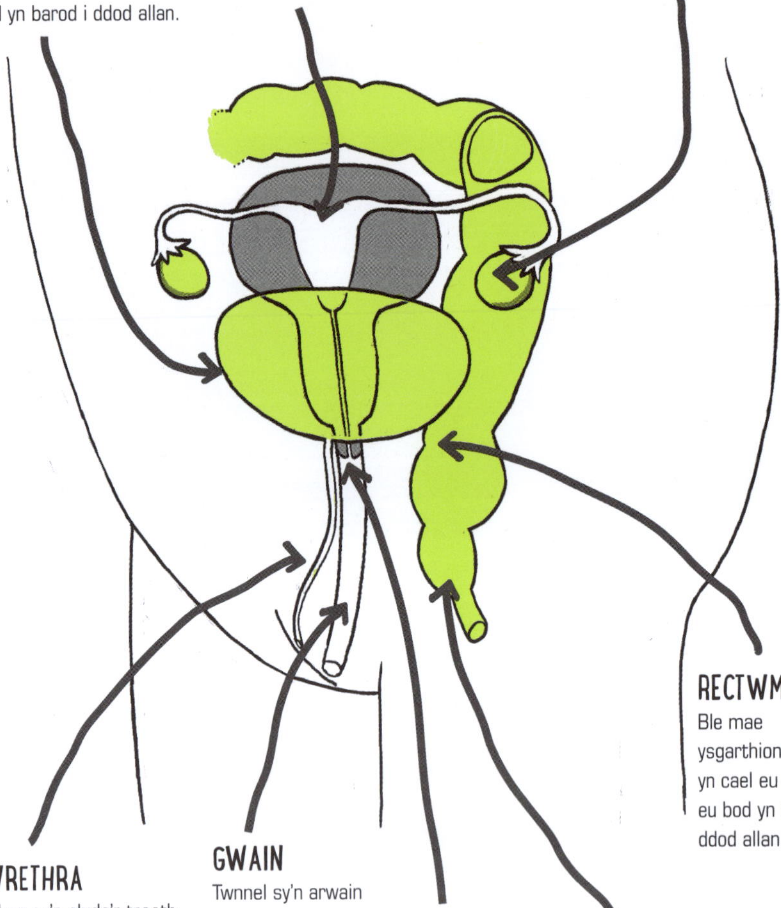

CROTH

Y tu mewn i organau cenhedlu merch. O fan hyn daw'r mislif a dyma ble mae babi'n tyfu yn ystod beichiogrwydd.

OFARÏAU

Mae'r rhain yn gwneud hormonau (ar gyfer y glasoed) ac wyau (i wneud babi).

PLEDREN

Storio troeth (pi-pi) tan ei fod yn barod i ddod allan.

RECTWM

Ble mae ysgarthion (pw) yn cael eu dal tan eu bod yn barod i ddod allan.

WRETHRA

Piben sy'n cludo'r troeth (pi-pi) o'r bledren ac allan o'r corff. Mae hon yn llawer byrrach mewn merched nag mewn bechgyn.

GWAIN

Twnnel sy'n arwain at y groth.

GWDDF Y GROTH

Agoriad y groth. Yn aml, gelwir hwn yn GEG Y GROTH hefyd.

ANWS

Ble mae'r ysgarthion (pw) yn dod allan pan wyt ti'n mynd i'r tŷ bach.

Deall mislif

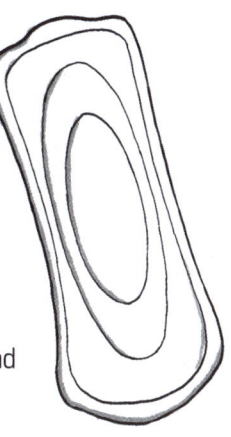

Un gwahaniaeth mawr rhwng cyfnodau glasoed merched a bechgyn yw **MISLIF**. Rwyt ti'n siŵr o fod wedi clywed y gair, ac efallai'n meddwl dy fod ti'n gwybod ychydig amdano, ond rydyn ni'n aml yn clywed straeon nad ydyn nhw'n wir. Felly mae'n bwysig i ti wybod y ffeithiau.

Mae'r hormonau yng nghorff merch yn gwneud leinin mewnol y groth yn fwy trwchus. Dyma sut mae'r groth yn paratoi am fabi. Os nad yw'r ferch yn beichiogi, mae'r leinin yn dod i ffwrdd ac yn cael ryddhau trwy'r wain, a dyma'r mislif. Mae'n cynnwys gwaed, felly mae'n goch/frown. Bydd mislif yn digwydd pob rhyw 28 diwrnod, yna mae'r broses gyfan, o'r enw cylchred fislifol, yn dechrau eto.

YDYN, MAE RHAI MERCHED YN GWAEDU O'R WAIN BOB MIS, AC MAE HYN YN HOLLOL NORMAL!

Mae sawl ffordd o ddelio gyda mislif, gan gynnwys tampon, pad mislif, a chwpan mislif. Tiwb bach sy'n cael eu rhoi y tu mewn i'r wain er mwyn amsugno'r gwaed o'r tu mewn yw tampon, a phad sy'n cael ei roi ar ddillad isaf merch yw pad mislif. Bydd hwn yn amsugno'r gwaed ar ôl iddo ddod allan. Maen nhw'n cael eu taflu wedyn, a bydd rhai newydd yn mynd yn eu lle. Gall padiau ailddefnydd gael eu golchi, a'u defnyddio eto. Mae cwpan mislif yn mynd y tu mewn i'r wain er mwyn casglu'r gwaed, a chaiff ei wagio'n rheolaidd.

Er bod y mislif yn beth cwbl naturiol,
dydy'r profiad ddim bob amser yn hawdd. Gall fod yn
boenus iawn, a gall effeithio ar sut mae merch yn teimlo,
oherwydd yr holl hormonau sy'n gwibio o gwmpas ei chorff. Yr
enw ar y symptomau hyn yw syndrom cyn mislif (*premenstrual
syndrome neu PMS*). Yn ffodus, maen nhw'n aml yn setlo pan
ddaw'r mislif i ben, ond gall y symptomau fod yn ofnadwy i
ambell ferch. Gall bod yn ffrind neu'n frawd caredig yn ystod y
cyfnod hwn fod o help mawr iddi hi.

Ac os wyt ti'n digwydd gweld tampon, neu bad neu gwpan
mislif mewn bag merch, does wir ddim angen tynnu ei choes
am y peth – bod yn drefnus a pharatoi at yr adeg yna o'r mis
mae hi.

Mae angen i ferched a bechgyn ddeall ei gilydd

Gall y newidiadau sy'n digwydd wrth fynd drwy'r glasoed greu
embaras i fechgyn a merched fel ei gilydd. Ond dydy hyn ddim
yn golygu na allwch chi drafod hyn gyda'ch gilydd. Os nad wyt
ti'n deall rhyw ran o'r newidiadau hyn, yna gofyn i ffrind sy'n
ferch. Ond gair i gall: gwna hyn mewn ffordd sensitif, a dewis
dy foment yn ofalus. Does neb wir eisiau trafod blew piwbig yn
y rhes ginio!

Er ei fod yn digwydd i bawb, dydy hyn ddim yn atal rhai
bechgyn rhag tynnu coes merched neu wneud iddyn nhw
deimlo'n wael am yr hyn sy'n digwydd iddyn nhw, fel eu

bronnau'n tyfu, neu'u mislif yn dechrau. Dydy hyn ddim yn iawn, nac yn deg. Sut faset ti'n teimlo petai rhywun yn gwneud hynny i ti? Mae angen parch a dealltwriaeth ar bawb – bechgyn a merched. Ac os weli di rywun yn pryfocio neu'n tynnu ar ferch oherwydd hyn, cama i'r adwy a cheisia ei stopio. Byddi di'n arwr!

DELWEDD CORFF A HYDER

Mae pobl yn meddwl mai dim ond merched sy'n poeni am sut maen nhw'n edrych. Wel, dydy hynny'n bendant ddim yn wir. Fel meddyg, dwi'n siarad â llawer iawn o bobl ifanc am eu teimladau o ansicrwydd, a dwi wedi sylwi bod gan fechgyn yr un pryderon.

Wrth dyfu, roeddwn i'n arfer edrych ar bobl eraill a holi o hyd: **YDW I'N NORMAL?** Pam nad ydw i mor dal â'r bechgyn eraill yn fy nosbarth? Pam nad yw fy nghorff i'n newid yn yr un ffordd â chyrff rhai o'm ffrindiau?

Ar adegau fel hyn roedd rhaid i fi atgoffa fy hun nad oedd angen i fi fod fel unrhyw un arall. Petai pawb yn edrych yr un peth, byddai'r byd yn lle diflas iawn!

Wrth edrych yn y drych, gall gweld dy adlewyrchiad greu teimladau gwahanol ynot ti. Dyma ystyr 'delwedd corff' – beth

rwyt ti'n ei weld a sut rwyt ti'n teimlo amdano. Gall fod yn dda (positif) neu'n ddrwg (negatif).

Mae cael delwedd corff bositif yn beth pwysig iawn, ac mae'n gwneud i ni deimlo'n dda amdanon ni'n hunain. Ar y llaw arall, gall delwedd corff negatif wneud niwed mawr.

Dydy hi ddim yn hawdd. Bob dydd, gwelwn luniau o bobl ar hysbysebion, rhaglenni teledu, mewn cylchgronau ac ar-lein. Pan nad ydyn ni'n edrych fel y bobl hynny, efallai byddwn ni'n teimlo'n ddrwg, neu gallwn ni fod eisiau bod yn debycach iddyn nhw. Wrth gwrs, dyna holl bwynt hysbysebion! Er fy mod i'n feddyg, dwi'n dal i gael teimladau fel yna weithiau: Gwallt gwych, dannedd gwych, corff gwych ... **DWI EISIAU BOD FEL'NA!**

Ond mae pob un ohonon ni'n unigryw. Bydd rhai'n tyfu'n dal, bydd rhai'n fyr (fel fi). Bydd rhai'n gyhyrog, ac eraill ddim. Baswn i wrth fy modd taswn i mor dal â **USAIN BOLT**, a phetai gen i gorff fel ei un e, ond nid dyna sut ces i fy ngwneud (a does gen i ddim yr amser na'r egni i wneud cymaint o ymarfer ag e!).

Mae'n fwy pwysig o lawer i ofalu am dy gorff a'i garu, achos mae'n **ARBENNIG YN BAROD**. Er efallai dy fod ti'n wahanol, bydd yn bositif am dy gorff. Mae pawb yn unigryw, ac mae pawb gystal â'i gilydd!

Hyder yw'r ateb

Gall dy ddelwedd corff effeithio ar
dy hyder. Os wyt ti'n poeni am dy
edrychiad, efallai na fyddi di eisiau
cymryd rhan mewn gweithgareddau
sy'n hwyl, neu wisgo pethau penodol.

Wir i ti, dwi'n gwybod yn union sut deimlad yw hyn. Wyt ti'n cofio
darllen fy mod i byth yn arfer tynnu fy nghrys ar y traeth? Roedd
hynny am fy mod i'n teimlo'n ddihyder. Ond yna sylweddolais i fod
fy mhryderon i'n deillio o'r ffordd roeddwn i'n gweld fy hun, nid
beth roedd pobl eraill yn ei feddwl wrth edrych arna i.

Dwi'n araf bach wedi dysgu i dderbyn fy hun ac i beidio gadael
i fy nheimladau fy rhwystro rhag cael hwyl. Nawr, dwi'n hapus
i dynnu fy nghrys os yw'n golygu bydda i'n mwynhau. Wrth i ti
ddysgu sut i garu dy gorff, bydd dy hyder di'n tyfu!

Os wyt ti'n cael trafferth gyda phethau fel hyn, cer i gael sgwrs
gydag oedolyn – efallai gallan nhw helpu. Ond all oedolion ddim
darllen dy feddwl, felly bydd angen i ti ddweud wrthyn nhw sut
rwyt ti'n teimlo! Paid â theimlo cywilydd – mae hi'n normal i boeni
am sut rwyt ti'n edrych, er nad oes angen i ti boeni o gwbl.

A chofia: Nid y ffordd rwyt ti'n edrych sy'n penderfynu pwy wyt ti
a beth rwyt ti'n dda am wneud. Ti sy'n penderfynu hynny.

Felly, penderfyna dy fod ti'n wych – y funud hon!

HAKUNA MATATA!

2

Dwi wrth fy modd âr gân 'Hakuna Matata' or ffilm, *The Lion King*. Wyt tin cofior olygfa pan mae Timon a Pumbaa yn dweud wrth Simba am beidio â phoeni? Maen golygu 'dim problemau' a 'dim trafferthion' yn iaith Swahili, sef iaith Affricanaidd. Dwi wastad wedi dwlu ar y neges hon, a roedd hin un bwysig iawn i fi pan oeddwn in ifanc. Dwin aml yn atgoffa fy hun, hyd yn oed nawr: Paid â phoeni, Ranj!

Trafod teimladau ...

Roedd adegau wrth dyfu pan oeddwn i'n teimlo'n anhygoel. Wrth chwarae pêl-droed amser cinio, neu fynd i'r clwb gwyddoniaeth ar ôl ysgol, neu'r partïon pen-blwydd ar benwythnosau. Ond dwi'n cofio teimlo straen mawr yn aml, hefyd, ynglŷn â gwaith cartref, gwneud ffrindiau, a sut roeddwn i'n edrych.

Mae'n hollol normal i deimlo'n wych neu'n wael ar adegau gwahanol. A dwyt ti ddim yn mynd o un pegwn i'r llall chwaith, mae llwyth o emosiynau rhwng y ddau sy'n gallu teimlo'n FAWR: hapusrwydd, tristwch, rhwystredigaeth, dryswch, cyffro, pryder … Beth sy'n bwysig yw ein bod ni'n dysgu sut i ddelio â'r teimladau hynny fel nad ydyn nhw'n mynd allan o reolaeth.

Dyna beth fyddwn ni'n drafod yn y bennod hon – a gallwn ddechrau drwy weld o ble mae'r teimladau'n dod.

BETH YW MEDDWL A THEIMLO?

Mae gwyddonwyr wedi treulio blynyddoedd maith yn ceisio deall sut rydyn ni'n meddwl a sut rydyn ni'n teimlo emosiynau. Wrth astudio meddygaeth, dysgais i fod y cyfan oll yn ganlyniad i ddigwyddiadau bach rhyfeddol yn yr ymennydd. **TREULIAIS I FLWYDDYN, BRON, YN ASTUDIO YMENNYDD LLYGOD MAWR!** Roedd y cyfan braidd yn afiach, ond dysgais i lot fawr.

Mae'r ymennydd yn beth cymhleth, yn llawn o rannau gwahanol. Mae gan bob rhan swydd wahanol. Er enghraifft, mae cefn yr ymennydd yn rheoli ein cydbwysedd, tra bod y blaen yn gyfrifol am y rhan fwyaf o'n meddyliau pwysicaf.

Y rhan sy'n gyfrifol am deimladau ac emosiynau yw'r **AMYGDALA**. Mae'r rhan hon yn bwysig iawn wrth i ti dyfu. Er mwyn dod i wybod sut, mae angen i ni gael gwers fach am yr ymennydd.

Ystyried yr ymennydd

Mae ein hymennydd fel **CYFRIFIADUR CŴL IAWN**, sy'n derbyn ac anfon gwybodaeth yn eithriadol o gyflym. Mae cylchedau'r cyfrifiadur hwn wedi'u gwneud o filiynau o gelloedd nerfol sy'n cario negeseuon cemegol a thrydanol.

Mae'r celloedd yma wedi'u trefnu'n rhannau gwahanol, a'u rhannu'n dair prif adran. Gallwn ni feddwl amdanyn nhw fel tri ymennydd gwahanol: yr ôl-ymennydd, ymennydd canol a'r blaen-ymennydd. Yr ôl-ymenydd sy'n rheoli pethau sylfaenol fel cydbwysedd, anadlu a churiad calon, a dyma'r ymennydd sy'n debyg i un anifail. Yr ymennydd canol sy'n cysylltu'r ôl-ymennydd a'r blaen-ymennydd, ond mae ganddo waith arall hefyd. Yn y blaen-ymennydd byddwn ni'n meddwl ac ystyried, gwneud penderfyniadau a chreu atgofion. Dyma'r rhan sy'n ein gwneud ni – bodau dynol – yn wahanol i anifeiliaid eraill, a dyma sy'n dy wneud di yr hyn **WYT TI!**

Dwi'n gwybod bod hynny'n swnio'n gymhleth. Doeddwn i ddim yn medru gwneud pen (ha!) na chynffon ohono am oes. Dyma ddiagram i esbonio.

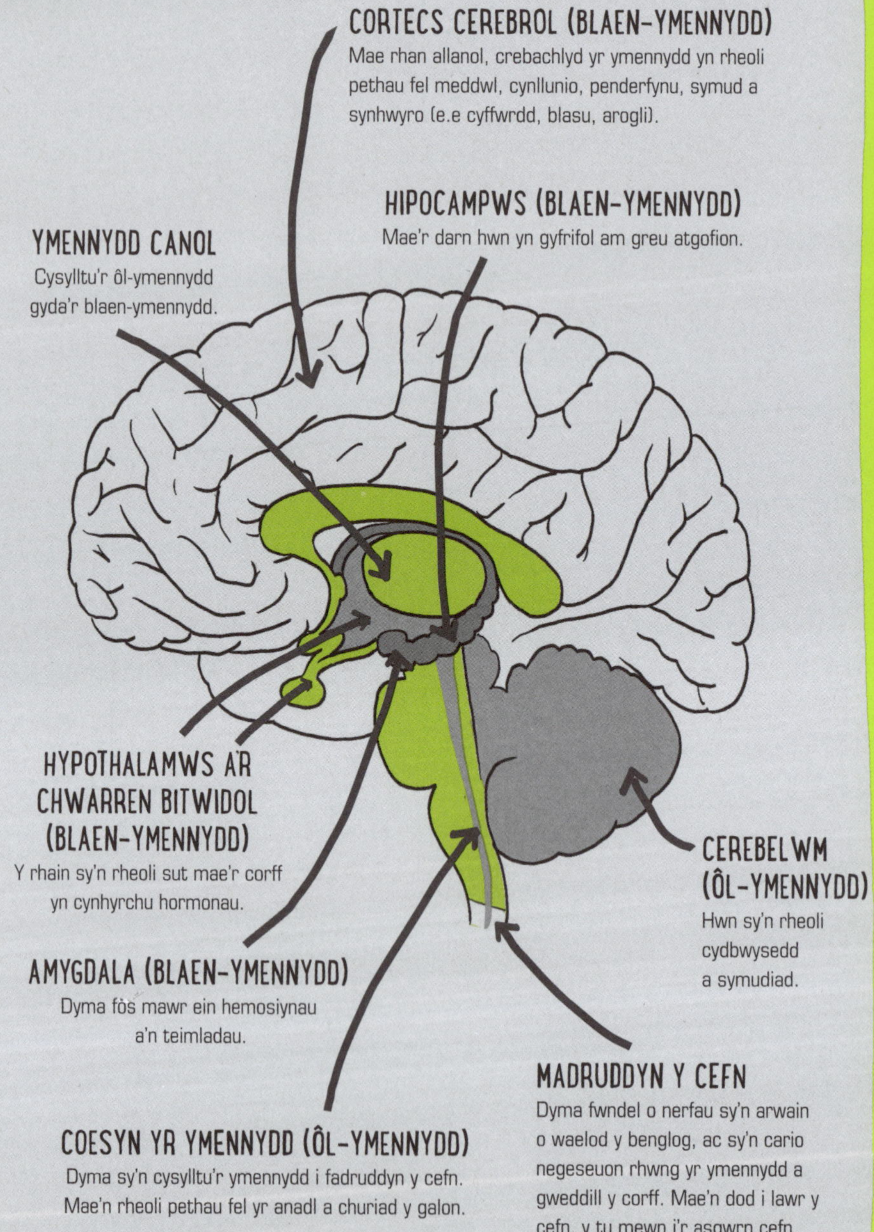

CORTECS CEREBROL (BLAEN-YMENNYDD)

Mae rhan allanol, crebachlyd yr ymennydd yn rheoli pethau fel meddwl, cynllunio, penderfynu, symud a synhwyro (e.e cyffwrdd, blasu, arogli).

HIPOCAMPWS (BLAEN-YMENNYDD)

Mae'r darn hwn yn gyfrifol am greu atgofion.

YMENNYDD CANOL

Cysylltu'r ôl-ymennydd gyda'r blaen-ymennydd.

HYPOTHALAMWS A'R CHWARREN BITWIDOL (BLAEN-YMENNYDD)

Y rhain sy'n rheoli sut mae'r corff yn cynhyrchu hormonau.

AMYGDALA (BLAEN-YMENNYDD)

Dyma fòs mawr ein hemosiynau a'n teimladau.

CEREBELWM (ÔL-YMENNYDD)

Hwn sy'n rheoli cydbwysedd a symudiad.

COESYN YR YMENNYDD (ÔL-YMENNYDD)

Dyma sy'n cysylltu'r ymennydd i fadruddyn y cefn. Mae'n rheoli pethau fel yr anadl a churiad y galon.

MADRUDDYN Y CEFN

Dyma fwndel o nerfau sy'n arwain o waelod y benglog, ac sy'n cario negeseuon rhwng yr ymennydd a gweddill y corff. Mae'n dod i lawr y cefn, y tu mewn i'r asgwrn cefn.

Twtio . . .

Wrth i'n corff dyfu, mae maint yr ymenydd yn tyfu hefyd. Erbyn i ti gael dy ben-blwydd yn chwech oed roedd dy ymennydd eisoes wedi cyrraedd 90–95% o faint ymennydd oedolyn!

Ond mae rhannau gwahanol o'r ymennydd yn datblygu ar adegau gwahanol. Felly ar ôl iddo orffen tyfu i'w faint llawn a rhoi popeth yn ei le, bydd angen twtio. Mae'n debyg iawn i symud dy stwff i ystafell wely fwy. Ar ôl i ti gyrraedd, mae angen cael trefn ar y cyfan, on'd oes? Mae proses debyg yn digwydd yn dy ymennydd, mewn trefn benodol. Gan ddechrau yn y cefn (yr ôl-ymennydd), ac yna gorffen yn y blaen (y blaen-ymennydd).

Pam mae hyn yn bwysig? Oherwydd mae'n golygu mai'r rhan o'r ymennydd sy'n gwneud penderfyniadau sy'n datblygu olaf (a dydy hi ddim yn gorffen datblygu tan i ti gyrraedd tua thri deg oed). Yn y cyfamser, rwyt ti'n fwy tebygol o ddibynnu ar rannau eraill, fel yr amygdala – y rhan sy'n delio ag emosiynau a theimladau. Gall prosesu meddyliau gyda help dy amygdala olygu dy fod yn fwy tebygol o wneud penderfyniadau ar sail emosiynau, fel cariad, poen, dicter, ac ofn, yn hytrach nag ystyried dy sefyllfa'n rhesymegol. A dyma pam byddi di weithiau'n teimlo fel bod dy emosiynau'n rheoli dy fywyd – neu'n gwneud i bobl eraill ddweud dy fod yn gwneud penderfyniadau byrbwyll, heb feddwl. Ond rydyn ni'n gwybod bod dy ymennydd di jyst yn ceisio gweithio pethau allan.

Os wyt ti wedyn yn ychwanegu hormonau i'r pair, sydd hefyd yn gallu effeithio ar sut wyt ti'n teimlo, does dim syndod fod yna gorwynt o emosiynau'n digwydd yn ystod y glasoed. Paid â phoeni, buan y gwnei di ddysgu sut i ymdopi â hyn a rheoli dy deimladau di'n well, a byddwn ni'n trafod hyn yn yr adran nesaf.

GOFAL

PIA HI!

Efallai fod dy ymennydd yn anhygoel, ond yn wahanol i rannau eraill dy gorff, dyw'r ymennydd ddim yn gallu trwsio ei hun pan fydd wedi cael niwed.

Dyna pam mae hi mor bwysig i fod yn ofalus wrth wneud pethau a allai achosi anaf i'r pen. Gwisga helmed bob tro rwyt ti'n beicio! Os wyt ti'n taro dy ben ac wedyn yn teimlo'n sâl, dwed wrth oedolyn. Efallai fod gen ti gyfergyd (*concussion*), a gall hyn fod yn ddifrifol.

RHEOLI DY EMOSIYNAU

Wyt ti erioed wedi diflasu'n llwyr? Yn hollol flin, a dim awydd gwneud unrhyw beth? Beth am y dyddiau heulog hynny pan wyt ti'n deffro'n llawn egni, â dy galon yn llawn cariad a chyffro? Neu pan fod rhywbeth wedi gwneud i ti deimlo'n drist, ac rwyt ti eisiau crio?

Mae'r teimladau yma i gyd yn normal. Pan wyt ti'n teimlo'n isel, cofia: **MAE'N IAWN I BEIDIO BOD YN IAWN!** Sut bynnag rwyt ti'n teimlo, rho ganiatâd i ti dy hun deimlo hynny a bydd yn garedig wrthot ti dy hun, bob amser. Cofia y galli di deimlo'n well, ac mi fyddi di'n teimlo'n well – ceisia atal y teimladau negatif rhag mynd yn rhemp.

Yn bersonol, mae sgwrsio gyda phobl eraill wir yn fy helpu – hyd yn oed os nad ydw i'n siarad yn uniongyrchol am yr hyn dwi'n ei deimlo. Weithiau, gall cwmni ffrind dynnu dy feddwl oddi ar y broblem – a dyna'r oll sydd ei angen er mwyn i ti deimlo'n well. Mae rhai'n hoffi ysgrifennu eu teimladau ar bapur, neu wneud rhywbeth hollol wahanol (fel gweithgaredd gorfforol). Beth bynnag sy'n dy helpu di, cofia nad wyt ti ar dy ben dy hun.

Ar y tudalennau nesaf, dwi'n cynnig rhagor o wybodaeth am sut i ddelio â rhai o'r emosiynau negatif mwyaf lletchwith ac anodd. Ond yn gyffredinol, gall jyst bod yn ymwybodol o dy emosiynau dy helpu'n fawr. Os wyt ti'n sylwi dy fod mewn hwyl wael, yn teimlo dan straen, neu'n hynod o hapus, galli di ystyried hyn wrth geisio penderfynu sut i ymateb i heriau neu ddewisiadau sy'n dy wynebu bob dydd. Er enghraifft, os bydd dy chwaer yn mynd dan dy groen wrth fynnu dy ddilyn fel ci bach, ystyria sut rwyt ti'n teimlo. Efallai bydd gwybod dy fod yn teimlo'n bigog ac yn flin yn golygu na fyddi di mor debygol o ffrwydro a dweud rhywbeth cas. Gall hyn dy helpu i fod yn fwy amyneddgar ac i ddod o hyd i ffordd wahanol o ddelio â'r sefyllfa.

Pan dwi'n profi amser anodd, un o'r pethau sy'n fy helpu i gadw llygad ar batrwm fy nheimladau yw fy nyddiadur emosiynau. Ar ddiwedd diwrnod mawr, bydda i'n cofnodi tri emosiwn dwi wedi'u teimlo yn ystod y dydd (fel hapus, trist, crac/blin) a pham wnes i deimlo fel yna. Pan fydd yr emosiynau'n negatif, dwi'n ystyried beth alla i ei wneud yn wahanol tro nesaf.

HAPUS	Daeth canlyniadau'r arholiadau, ac fe wnes in well na'r disgwyl.
CYFFROUS	Ces i archebu treinyrs newydd fel trît am lwyddo yn yr arholiadau, a byddan nhw'n cyrraedd yn fuan.
BLIN	Mae gen i fwy o arholiadau mewn mis, felly bydd angen dechrau adolygu eto cyn hir, ond dwi'n mynd i greu amserlen y tro hwn fel bod pethau'n teimlo'n haws.

Rho gynnig ar hyn a gweld a fydd yn gwneud i ti deimlo fod gen ti ychydig mwy o reolaeth. Fe weli di lwyth o syniadau eraill yn y llyfr hwn allai helpu hefyd. Er enghraifft, pan dwi'n teimlo'n isel neu dan straen, dwi'n gweld bod ymwybyddiaeth ofalgar wir yn fy helpu. Mwy am hyn ar dudalen 135.

YN WYLLT GACWN

Nawr, gawn ni drafod teimladau anoddach.

YN GRAC, YN RHWYSTREDIG, YN ANNIFYR . . .

Rydyn ni i gyd yn gwybod sut deimlad yw bod yn grac neu'n ddig.
Wel, pan wyt ti'n mynd drwy gyfnod y glasoed, efallai byddi di'n
teimlo hyn ychydig yn amlach. Pan oeddwn i yn fy arddegau,
byddai'r peth lleiaf yn codi fy ngwrychyn. Fel arfer, fy mrawd bach
i oedd hwnnw. Roedd e'n gwybod yn union sut i fy ngwylltio.

Bob tro byddwn i'n cael rhywbeth newydd, fel gêm fideo, byddai'n
codi twrw gan na fyddai e wedi cael un hefyd. Roedd hynny'n fy
ngwneud i'n wyllt gacwn. Pam na allai e adael llonydd i fi? Pam
roedd rhaid iddo sbwylo'r cyfan? Roedd e'n mynd dan fy nghroen,
ac weithiau roeddwn i'n teimlo'n grac iawn tuag ato. Dwi'n siŵr
dy fod wedi teimlo hyn droeon hefyd.

Pam wyt ti'n teimlo fel hyn?
Oherwydd yr holl newidiadau
sy'n digwydd yn dy ymennydd
ac yn dy gorff, ar hyn o bryd.
Yn ogystal, mae llwyth o
newidiadau yn dy fywyd
– ysgol newydd, ffrindiau
newydd, ceisio cael dy rieni i
dy drin di'n fwy fel oedolyn.

Does dim syndod dy fod ti'n teimlo ychydig yn flin weithiau, nac oes?

Paid â bod yn rhy galed arnat ti dy hun, ond gwna dy orau i weld a oes ffordd o gael rheolaeth well ar dy deimladau. Dwi'n gwybod bod hyn yn anodd, ond mae'n bwysig peidio gadael iddyn nhw gael y gorau arnat ti. Er dy fod eisiau sgrechian ar bawb a phopeth, fydd hynny ddim yn helpu. Felly os wyt ti'n teimlo dy hun yn gwylltio, ceisia wneud hyn:

1) Camu o'r sefyllfa sy'n dy ypsetio.
2) Eistedd mewn lle tawel a llonydd, a cheisio ymlacio. Cau dy lygaid a dychmygu dy fod mewn lle sy'n dy wneud di'n hapus (traeth heulog yw fy lle hapus i).
3) Troi dy sylw at dy anadl, gan anadlu'n araf i mewn trwy dy drwyn ac allan trwy dy geg. Gwna hyn ddeg o weithiau.

Pan wyt ti wedi pwyllo, atgoffa dy hun nad gwylltio yw'r ymateb mwyaf defnyddiol. Cymer ychydig o amser i roi trefn ar dy feddyliau – pam mae hyn wedi dy wylltio? Beth all wneud i ti deimlo'n well? A fyddai hynny'n ymarferol ac yn deg i bawb arall? Wrth rhoi trefn ar dy feddyliau er mwyn gallu trafod yn glir a phwyllog, byddi di'n siŵr o ddatrys y broblem yn llawer cynt ac yn llawer haws.

Os wyt ti'n ei chael hi'n anodd iawn i ymdopi â'r teimladau hyn, cer i siarad ag oedolyn rwyt ti'n ymddiried ynddo neu ynddi – gallan nhw dy helpu i ddod o hyd i ffyrdd eraill o ymdawelu, neu dy helpu i fynd at wraidd y broblem.

MAE BECHGYN YN CRIO

Wrth siarad am reoli emosiynau, mae'n bwysig deall y gwahaniaeth rhwng eu rheoli nhw a'u hanwybyddu, neu eu storio nhw y tu mewn i ti.

Er enghraifft, mae llawer o fechgyn yn meddwl na ddylen nhw grio neu adael i bobl eraill wybod eu bod nhw'n drist. Mae pawb yn disgwyl i ni fod yn galed ac yn gryf. Fel arfer, mae'r arwyr welwn ni mewn ffilmiau'n gyhyrog ac yn *macho*, ond dydyn nhw ddim yn dangos emosiynau. Sawl gwaith wyt ti wedi clywed, yn Saesneg, '*Man up!*'? Neu yn Gymraeg, 'Bydd yn ddyn!'? Mae llawer o fechgyn a dynion yn teimlo pwysau i ymddangos yn galed a chryf, a gall hyn arwain at guddio ein gwir deimladau. Tybed wyt ti erioed wedi gweld dy dad (neu dy wncwl) yn crio? Dwi ddim. I'w genhedlaeth e, doedd crio jyst ddim yn ddewis.

Ond dydy gorfodi dy hun i storio dy deimladau y tu mewn i ti, heb eu dangos, ddim yn dda i ti. Os nad wyt ti'n dangos dy deimladau, mae'n debygol nad wyt ti'n delio â nhw mewn ffordd a fydd yn help i ti symud ymlaen. Gall hyn arwain at broblemau eraill yn nes ymlaen hefyd. Pan nad wyt ti'n agored gyda'r bobl sydd agosaf atat ti, mae'n anodd i'r berthynas honno fod mor gryf ag y gallai fod. Ac os wyt ti'n trio dy

orau i roi'r argraff nad oes gen ti broblemau, yna bydd hi'n anodd iawn eu datrys nhw.

Y gwir yw, mae bechgyn yn crio, a does dim rheswm yn y byd iddyn nhw beidio, os ydyn nhw'n teimlo fel gwneud. Gall crio dy helpu i deimlo'n well. Wedi'r cwbl, os wyt ti'n hapus mae chwerthin yn deimlad braf, ac os wyt ti'n drist, mae'n berffaith iawn i grio. Meddylia amdano fel botwm bach rwyt ti'n ei wasgu er mwyn rhyddhau tensiwn. Unwaith i'r dagrau olchi rhai o'r teimladau mwyaf dwys i ffwrdd, efallai bydd hi'n haws i ti ystyried a delio â beth bynnag sydd wedi dy ypsetio.

Ond os wyt ti'n teimlo fel crio'n aml iawn, yna cer i siarad â rhywun am y peth. Efallai fod yr hyn rwyt ti'n ei deimlo ychydig yn rhy fawr i ti ddelio ag e ar dy ben dy hun. Mae siarad a rhannu dy brofiad yn ffordd wych o dy helpu i brosesu emosiynau.

Rhoi trefn ar drafferthion

Pan fydd gen ti arholiad neu gystadleuaeth o dy flaen, mae'n hollol normal i deimlo'n bryderus. Wedi'r cwbl, mae bywyd yn gallu bod yn boen weithiau!

Mae dod o hyd i ffyrdd o ymdopi â phryder yn hanfodol. Dyma un o fy hoff driciau – dwi'n ei alw'n **STORFA STRAEN**. Mae'n wych er mwyn helpu sicrhau noson dda o gwsg pan fydd dy feddwl yn gwibio.

1) Ffeindia flwch gwag a darnau o bapur. Gall fod yn hen flwch esgidiau.

2) Cyn mynd i'r gwely, ysgrifenna beth sy'n dy boeni di ar ddarn o bapur. Plyga'r papur a'i roi yn y blwch.

3) Defnyddia sawl darn o bapur ar gyfer pob un pryder sy'n dy boeni ar hyn o bryd.

4) Rho'r blwch o'r golwg yn rhywle. Dychmyga dy fod yn rhoi'r pryderon i un ochr fel na allan nhw gael gafael arnat ti.

Rywbryd eto, os hoffet ti, gallet ti agor y blwch a dangos y darnau o bapur i oedolyn, gan siarad am dy deimladau. Yn aml, dydy'r problemau ddim yn teimlo mor wael erbyn hynny.

Un peth y gallet ti fod yn ei deimlo yw pryder. Fel rydyn ni wedi trafod, mae hi'n normal i fod ychydig yn bryderus weithiau. Ond os yw'r pryder yn gwaethygu gall droi'n rhywbeth arall. Pan fydd bywyd yn teimlo'n llawn straen, mae system amddiffyniad naturiol dy gorff yn tanio pan wyt ti'n teimlo dan fygythiad. Mae'r system yma er mwyn dy gadw'n ddiogel ac i dy atal rhag cael dy frifo, ond gall orymateb weithiau a dy rwystro rhag mwynhau bywyd. Mae hyn yn cael ei alw'n **ORBRYDER**.

Gall gorbryder deimlo fel pryder dwys, ofn neu banig na alli di ei reoli. Weithiau bydd hyn yn achosi symptomau corfforol, fel calon yn curo'n galetach nag arfer, teimlo fel chwydu a theimlo'n benysgafn. Os wyt ti'n teimlo ton o orbryder yn taro, ceisia wneud hyn er mwyn tawelu:

1) Dwed wrthot ti dy hun na fydd yn para, a byddi di'n teimlo'n well.

2) Dwed wrth y bobl o dy gwmpas sut rwyt ti'n teimlo'r foment honno.

3) Paid ag ypsetio na beio dy hun am deimlo fel hyn – mae'n IAWN.

4) Ceisia ymlacio a phwyllo os wyt ti'n gallu – beth am wrando ar gerddoriaeth neu fynd allan am dro?

5) Gallet ti drio myfyrio (edrycha ar dudalen 135).

6) Paid ag osgoi pethau sy'n dy wneud di'n orbryderus, ond ceisia eu hwynebu nhw gorau galli di.

Dwi wedi bod yn y sefyllfa yna fy hun, ac mae'r tips yna wedi fy helpu!

Yn 2018, cymerais ran mewn rhaglen deledu o'r enw **STRICTLY COME DANCING**. Roedd y cyfan yn teimlo fel corwynt, oherwydd bod rhaid i fi ddysgu dawns newydd bob wythnos a'i pherfformio o flaen miliynau o bobl oedd yn gwylio. Yn ystod yr ymarferion roeddwn i'n dechrau teimlo'r gorbryder yn codi, ac roedd hyn yn effeithio ar fy ngallu i berfformio. Ond roedd siarad am fy nheimladau gyda fy mhartner dawns arbennig – Janette – yn help mawr i fi, ynghyd â dysgu ffyrdd o ymlacio a phwyllo, ac yna gwneud rhywbeth braf ar ddiwedd pob dydd.

Os bydd gorbryder yn teimlo fel petai'n dy reoli – dy fod yn poeni o hyd ac o hyd, a'i fod yn dy rwystro di rhag byw dy fywyd o ddydd i ddydd, yna mae'n bryd i ti siarad gyda rhywun fel eu bod nhw'n gallu dy helpu i deimlo'n llai pryderus. Fe alli di deimlo'n well!

RHEOLI RISG

Un o effeithiau hormonau'r glasoed ar y corff wrth i'r ymennydd ddatblygu, yw'r awydd i fentro neu gymryd **RISG**. Byddi di'n teimlo'n fwy dewr wrth wneud rhai pethau. Efallai byddi di eisiau rhoi cynnig ar ymuno â thîm chwaraeon, neu ymgeisio am ran yn sioe'r ysgol – mae hynny'n wych! Dyna sut dechreuais i weithio ym myd teledu. Dydy bod ar y teledu ddim yn rhan o waith meddyg fel arfer, ond ar ôl gweld hysbyseb gan sianel deledu yn chwilio am feddyg, meddylais i: Pam lai? Dwi mor falch fy mod wedi mentro oherwydd arweiniodd hynny at sawl peth anhygoel arall. Mae gen i raglen deledu fy hun erbyn hyn!

Felly mae mentro a chymryd risg yn gallu bod yn beth da, ond cofia byddi di efallai'n cael dy demtio i wneud pethau na ddylet ti. Rydyn ni i gyd yn teimlo'n fentrus a drygionus o bryd i'w gilydd. Weithiau gall hyn deimlo'n gyffrous. Weithiau rydyn ni wedi diflasu. Weithiau byddwn ni'n mentro heb feddwl. Mae pawb, rhywbryd, wedi bod eisiau gwasgu'r botwm mawr coch sy'n dweud **'PEIDIWCH GWASGU HWN'** er mwyn gweld beth sy'n digwydd! (Rhybudd: PAID!)

Mae cael hwyl wrth ddarganfod dy fyd yn rhan anferth o dyfu a datblygu, ond weithiau, byddi di eisiau gwneud rhai pethau sydd ddim wir yn syniad da. Gallet ti fynd i drwbwl mawr os wyt ti'n torri rheolau, yn enwedig torri'r gyfraith. Felly pan wyt ti'n cael dy demtio i fentro, cymer anadl fawr ac ystyria beth allai ddigwydd. Mae'n siŵr fod yna reswm da dros gael y rheol yn y lle cyntaf – a hyd yn oed os nad oes, ydy hi wir werth y risg o gael dy ddal?

Weithiau byddwn ni'n cymryd risg oherwydd bod pobl eraill yn ein hannog. Dyma enghraifft arall o'r pwysau sydd ar fechgyn i fod yn galed a chryf. Mae rhai pobl yn teimlo bod rhaid iddyn nhw wisgo mewn ffordd arbennig, bod yn rhan o griw penodol, neu yfed neu ysmygu, oherwydd bod eu ffrindiau'n gwneud. Ond paid byth â theimlo bod rhaid i ti wneud rhywbeth er mwyn bod fel dy ffrindiau. Cofia, ti yw ti – ac mae hynny'n ddigon.

 # GWNA BETH SYN IAWN I TI

Does neb yn dweud fod angen i ti fod yn berffaith bob amser, ond bydd gwneud dy orau i gadw draw oddi wrth drwbwl yn gwneud dy fywyd yn haws yn y pen draw. Felly os wyt ti'n teimlo'n ddrygionus, ceisia droi dy egni tuag at wneud rhywbeth defnyddiol a gwych: fel rhoi cynnig ar weithgaredd newydd nad oedd gen ti'r hyder i'w drio o'r blaen. Mae chwaraeon a dawns yn dda er mwyn rhyddhau ychydig o stêm, ac mae celf yn llonyddu'r ymennydd ac yn ffordd greadigol i ti fynegi dy hun. Byddi di'n siŵr o gwrdd â ffrindiau arbennig wrth drio rhywbeth newydd, hyd yn oed os byddi di'n swil i ddechrau.

IECHYD MEDDWL
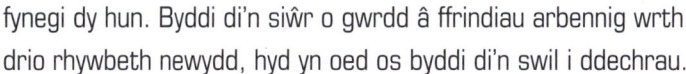

Mae pawb yn gwybod pa mor bwysig yw hi i gael corff iach. Ond mae'n bwysig cael meddwl iach hefyd. Dyma beth rydyn ni'n ei alw'n iechyd meddwl, ac mae'n helpu i gadw'r meddwl i weithio'n dda.

Gall y rhan fwyaf ohonon ni reoli ein meddyliau a'n hemosiynau fel nad ydyn nhw'n ein rhwystro rhag gwneud pethau o ddydd i ddydd nac yn creu problemau difrifol. Ond i rai pobl, gall eu meddyliau deimlo'n ormod, neu gallan nhw deimlo rhai pethau sydd ddim yn ddefnyddiol o gwbl.

Dyma rai enghreifftiau o hyn:
1) Teimlo'n drist yn aml iawn, a methu mwynhau.
2) Teimlo'n bryderus yn aml iawn, neu o hyd, ac mae hyn yn dy rwystro rhag gwneud pethau.
3) Teimlo'n negyddol tuag at fwyd, fel nad wyt ti'n gallu bwyta'n iach.
4) Methu cysgu yn y nos.
5) Teimlo fel bod rhaid i ti wneud rhywbeth drosodd a throsodd er mwyn teimlo'n ddiogel ac i dawelu dy feddwl.
6) Teimlo fel dy fod eisiau brifo dy hun, neu rywun arall.

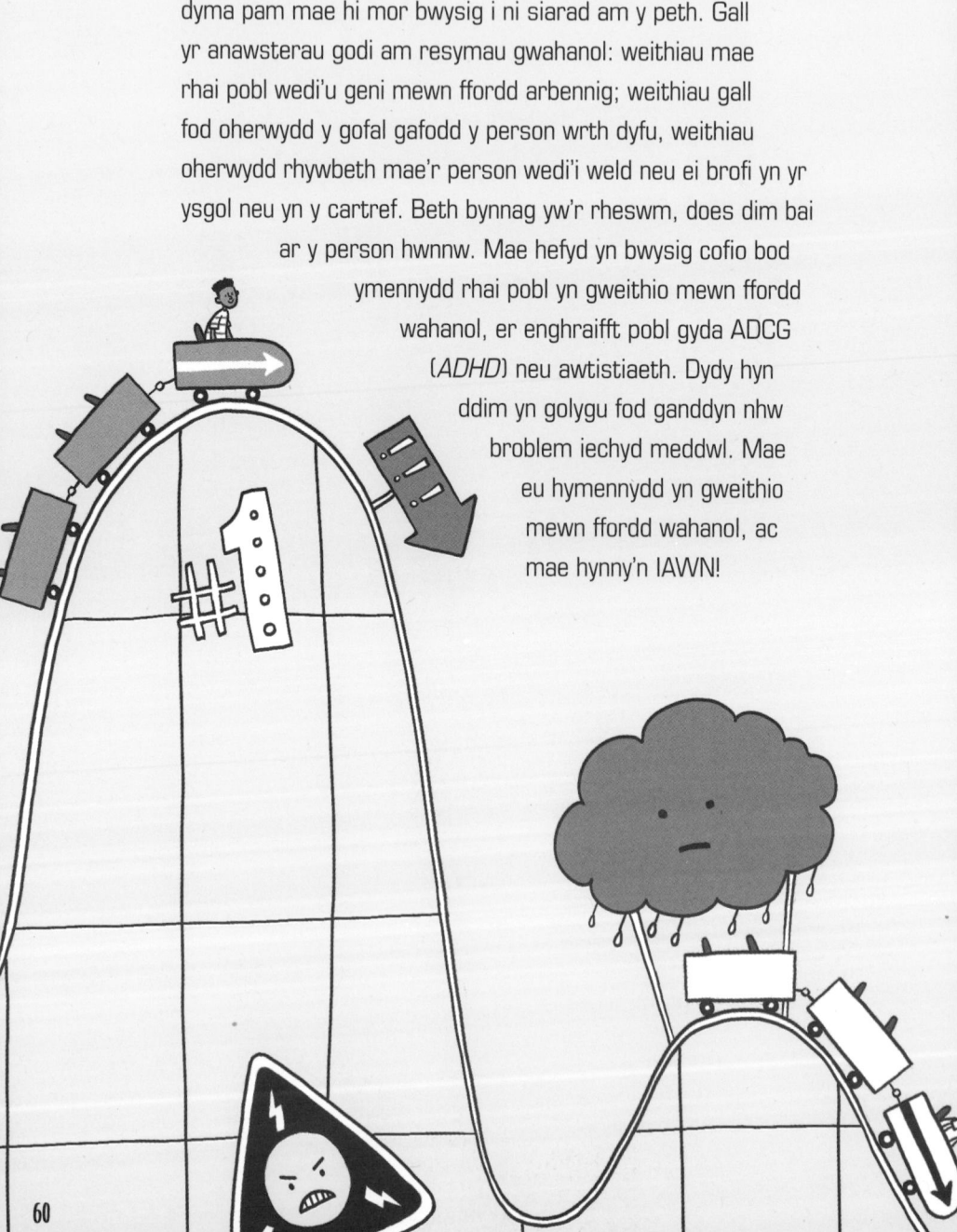

Mae tua hanner y problemau iechyd meddwl yn dechrau ymddangos cyn bod person yn bedair ar ddeg oed, a dyma pam mae hi mor bwysig i ni siarad am y peth. Gall yr anawsterau godi am resymau gwahanol: weithiau mae rhai pobl wedi'u geni mewn ffordd arbennig; weithiau gall fod oherwydd y gofal gafodd y person wrth dyfu, weithiau oherwydd rhywbeth mae'r person wedi'i weld neu ei brofi yn yr ysgol neu yn y cartref. Beth bynnag yw'r rheswm, does dim bai ar y person hwnnw. Mae hefyd yn bwysig cofio bod ymennydd rhai pobl yn gweithio mewn ffordd wahanol, er enghraifft pobl gyda ADCG (*ADHD*) neu awtistiaeth. Dydy hyn ddim yn golygu fod ganddyn nhw broblem iechyd meddwl. Mae eu hymennydd yn gweithio mewn ffordd wahanol, ac mae hynny'n IAWN!

Dwi heb sôn rhyw lawer am hyn, ond ces i drafferth gyda fy iechyd
meddwl pan oeddwn i'n ifanc, yn arbennig yn ystod blynyddoedd
cyntaf y glasoed. Dwi'n cofio teimlo'n drist am ddim rheswm,
a doeddwn i ddim wir yn gwybod beth i'w wneud am y peth.
Doeddwn i ddim yn deall beth oedd yn digwydd, a doedd gen i neb
i siarad â nhw chwaith. Roeddwn i'n crio yn fy ystafell pan doedd
neb o gwmpas. Roedd cyfnodau pan ystyriais i frifo
fy hun, ond yn ffodus, wnes i ddim. Dwi'n
sylweddoli erbyn hyn mai problem
iechyd meddwl oedd gen i, fwy
na thebyg. Mae hynny'n iawn
oherwydd gall pobl eraill deimlo
fel hyn hefyd. Ond dwi'n difaru
peidio gofyn am help ar y pryd.

Heddiw, fel meddyg, dwi'n
gofalu am bobl ifanc
mewn sefyllfaoedd tebyg.

Y peth pwysig yw siarad â rhywun pan mae gen ti drafferthion. Dydy hi ddim bob amser yn hawdd, ond dyma'r cam cyntaf i wella. Os yw'r meddyliau neu'r teimladau yn y rhestr yn teimlo'n gyfarwydd i ti, cer i gael help drwy siarad gyda pherson rwyt ti'n ymddiried ynddo. Gallai'r person hwn fod yn athro, aelod o'r teulu, cwnselydd, meddyg neu nyrs. Mae llawer o elusennau allai dy helpu hefyd, ac mae rhestr ohonyn nhw ar dudalen 154.

Mae gofalu am dy iechyd meddwl mor, mor bwysig – yr un mor bwysig â gofalu am weddill dy gorff. Ym mhennod chwech fe weli di ragor o wybodaeth ar sut i gadw dy feddwl yn tip-top, ac ymarferion gallet ti drio, hefyd.

Dwi'n gwybod ei bod hi'n hawdd teimlo weithiau nad wyt ti'n ddigon, pan fydd dy deimladau a dy emosiynau'n mynd yn drech na ti. Mae hyn yn digwydd i bawb. Gan gynnwys fi! Dyma'r adegau pan fydd hi'n bwysig atgoffa ein hunain pa mor wirioneddol anhygoel ydyn ni.

Felly heno, cyn mynd i'r gwely, edrycha drwy'r ffenest a chwilia am y sêr. Ceisia gofio am y tro hwnnw buest ti'n breuddwydio yn y wers wyddoniaeth wrth i dy athro sôn am y gofod: peli anferth o fater yw'r sêr, sydd wedi'u gwneud o atomau pitw bach a moleciwlau sy'n ymateb i'w gilydd er mwyn creu golau. Mae'r golau hynny'n teithio miliynau o filltiroedd er mwyn ein cyrraedd ni, fel y gallwn eu gweld.

Wel, mae'r un atomau a moleciwlau sy'n gwneud y sêr hefyd yn gyfrifol am greu dy gorff, a'r celloedd sydd ynddo. Yn rhyfeddol, mae hyn yn golygu dy fod wedi dy greu o'r un defnydd â'r sêr. Cofia hynny pan fyddi di'n teimlo nad wyt ti'n ddigon …

. . . RWYT TI'N SEREN

3

Pan oeddwn in ifanc, byddwn in dod adref o'r ysgol pob prynhawn Gwener, estyn am bowlen anferth o *cereal* a gwylio pennod o *Friends*. Dyma oedd fy arferiad diwedd-yr-wythnos. Os nad wyt ti'n gwybod am beth ydw in sôn, rhaglen deledu Americanaidd am grŵp o ffrindiau sy'n byw yn Efrog Newydd yw *Friends*. Mae pob pennod yn dechrau gyda chân gan The Rembrandts, 'I'll Be There For You'. Mae'r gân yn dathlu sut mae ffrindiau a theulu'n cefnogi ei gilydd – drwy'r dyddiau da a'r dyddiau drwg.

Fel bodau dynol, rydyn ni'n naturiol eisiau bod yn rhan o grŵp. Gwelwn ni hyn ym myd natur – meddylia am fleiddiaid neu ddolffiniaid! Rydyn ni eisiau cysylltu ag eraill, a theimlo ein bod ni'n perthyn, ac yn rhan o rywbeth. Dyma pam mae cyfeillgarwch mor bwysig i ni. Ond dydy creu a chynnal cyfeillgarwch ddim bob amser yn hawdd. Yn y bennod hon, bydda i'n trafod sut i gael perthynas iach a sut i sylwi pan fydd rhywbeth o'i le.

PERTHYNAS IACH

Mae gan fodau dynol reddf ac angen naturiol i greu cymunedau oherwydd bod hynny'n beth da, ac o fantais i ni. Nid yn unig byw gyda'n gilydd a threulio amser gyda'n gilydd fel rhan o gymuned sy'n bwysig. Pan fydd gennym ni berthynas bositif gyda'r bobl o'n cwmpas, byddwn ni'n teimlo'n ddiogel ac yn dda amdanon ni'n hunain. A gallwn ni helpu'n gilydd os bydd angen. Dyma'r cwlwm agos rydyn ni'n ei drafod wrth siarad am berthynas iach. Dylai pob perthynas yn dy fywyd fod mor iach â phosib; y berthynas gyda dy rieni, dy frawd neu chwaer, a dy ffrindiau.

MEWN PERTHYNAS IACH BYDDI DIN:

🙂 Teimlo'n hapus a diogel gyda'r person.

🙂 Teimlo bod y person yn gwrando arnat ti a dy fod yn gallu mynegi dy hun.

🙂 Teimlo bod y person eisiau'r gorau i ti, yn ogystal â'i hunan.

🙂 Teimlo eich bod chi'n gallu ymddiried yn eich gilydd.

🙂 Teimlo y byddech chi'n trin eich gilydd yr un fath, ac y bydden nhw'n gwneud yr un peth i ti ag y byddet ti iddyn nhw.

Ar y llaw arall, dydy rhai mathau o berthynas **DDIM** yn dda i ni. Gall hi fod yn anodd sylweddoli ein bod mewn perthynas fel hyn. Felly dyma rai tips er mwyn penderfynu a yw perthynas yn iach neu beidio:

🙁 Teimlo na alli di fod yn ti dy hun yng nghwmni person, neu bod rhaid i ti wneud pethau nad wyt ti eisiau.

🙁 Teimlo na alli di wneud dy benderfyniadau dy hun.

🙁 Teimlo bod y person yn gwneud hwyl am dy ben, neu'n dy fychanu.

🙁 Teimlo bod y person yn cymryd mantais ohonot ti, o ran dy eiddo neu dy arian.

🙁 Teimlo'n ofnus neu ddim yn ddiogel.

🙁 Os yw'r person yn dy frifo di mewn unrhyw ffordd.

Os wyt ti'n sylwi ar unrhyw un o'r rhain, byddai'n syniad i ti siarad â'r person hwnnw i weld a all rhywbeth newid. Neu, os nad wyt ti'n gallu, neu fod y sgwrs ddim wedi helpu, dylet ti rannu'r peth gyda rhywun y galli di ymddiried ynddo, fel athro neu dy rieni.

TEULU NI

Mae'r berthynas bwysicaf gydag aelodau o'n teulu, ac atyn nhw byddwn ni'n mynd os oes angen help neu gefnogaeth, fel arfer. Efallai byddan nhw'n mynd ar dy nerfau weithiau, ond mae eu calon yn y lle iawn … yn fwy aml na pheidio!

>> Mae gen i ddau frawd, ac mae ein perthynas yn wych erbyn hyn, ond nid dyna fel oedd hi. Roedd fy mrawd bach yn gwybod sut i fynd ar fy nerfau O HYD. Weithiau, byddai'n gwneud y synau mwyaf dwl am ddim rheswm o gwbl, ac roedd hyn yn fy ngwylltio! Cymerodd dipyn o amser i'r ddau ohonon ni dyfu a dod i ddeall ein gilydd. Ond mae pethau'n iawn nawr! Felly, cofia, hyd yn oed os wyt ti'n teimlo bod dy deulu'n dod o blaned arall, nid fel hyn bydd hi am byth.

Does dim dau deulu yr un fath. Edrycha o dy gwmpas ac fe weli di lawer o wahanol fathau. Bydd gan rai o dy ffrindiau un fam ac un tad. Bydd gan eraill un o'r ddau, neu ddwy fam neu ddau dad. Efallai eu bod nhw'n byw gyda'u mam-gu a thad-cu neu gyda gofalwr arall. Bydd eraill wedi cael eu maethu neu eu mabwysiadu, ac yn dechrau dod i adnabod aelodau o'u teulu newydd.

MAETHU yw pan fod plentyn yn cael gofal gan deulu gwahanol i'r un cafodd ei eni iddo (oherwydd nad yw ei deulu ei hun yn gallu gofalu amdano). Gall hyn ddigwydd am sawl rheswm: efallai fod ei rieni'n sâl, er enghraifft. Fel arfer, dydy maethu ddim yn para am byth – bydd y plentyn yn mynd yn ôl at ei deulu ei hun, neu'n mynd at deulu gwahanol. **MABWYSIADU** yw pan fod plentyn yn ymuno â theulu arall ac yn aros gyda nhw am byth.

Oherwydd yr holl newidiadau yn eu bywyd, gall pethau fod yn anodd i blant sydd wedi'u maethu neu eu mabwysiadu. Efallai na fyddan nhw eisiau symud at deulu arall, ond mae'n bosib na fydd rheolaeth ganddyn nhw dros y sefyllfa. Bydd rhai'n gorfod newid ysgol yn aml. Mae rhai plant wedi gweld a phrofi pethau ofnadwy. Gall symud at deulu newydd fod yn gyfle iddyn nhw ddechrau eu bywyd eto mewn lle diogel, a gwneud ffrindiau newydd.

Rhieni'n gwahanu

Bydd adegau pan fydd rhieni'n gorfod gwahanu gan na fyddan nhw'n gallu parhau i fyw gyda'i gilydd. Efallai na fydd neb ar fai. Weithiau mae amgylchiadau pobl yn newid ac mae pethau annisgwyl yn digwydd.

Cafodd fy rhieni amser anodd iawn gyda'i gilydd pan oeddwn i'n tyfu. Roedden nhw'n ffraeo'n aml, ac er na wnaethon nhw wahanu, dwi'n meddwl eu bod nhw'n agos iawn at wneud ar y pryd. Mae pethau'n well nawr, ond roedd y cyfnod yna'n anodd iawn i bawb.

Yn anffodus, wrth wahanu neu ysgaru, gall pobl ddangos agwedd annymunol iawn. Os yw hyn yn digwydd yn dy deulu di efallai byddi di'n clywed neu'n gweld pethau nad wyt ti'n eu hoffi. Mae'n siŵr nad yw dy rieni'n trio bod yn gas wrth ei gilydd, ond pan mae emosiynau'n fawr ac mae pobl wedi cael eu brifo, gallan nhw ddweud y pethau mwyaf ofnadwy. Gwna dy orau i beidio â theimlo hyn i'r byw a gadael i'r peth dy frifo.

Mae **GWAHANU** ac **YSGARU** yn anodd i bawb. Mae hi mor drist pan nad yw dy rieni'n ffrindiau ac yn methu bod gyda'i gilydd. Mae'n rhaid i ti drystio mai hwn yw'r penderfyniad gorau yn y pen draw. A chofia, fydd popeth ddim yn newid – byddi di'n dal i garu dy rieni ac fe fyddan nhw'n dal i dy garu di, hyd yn oed os nad ydyn nhw gyda'i gilydd rhagor. A byddan nhw'n dal i ofalu amdanat ti, beth bynnag a ddaw.

Mae dy deimladau di'n bwysig hefyd. Efallai byddi di eisiau dweud rhywbeth, ond ceisia beidio dod rhwng dy rieni, na gadael i'w teimladau nhw at ei gilydd newid sut rwyt ti'n teimlo amdanyn nhw.

Dydy hi byth yn hawdd, ond dyma gyngor os yw dy rieni'n mynd trwy hyn:
1) Ceisia beidio bod yn rhan o'u ffraeo. Mae'n siŵr bod cymaint gen ti i'w ddweud, ond gallai hyn dy ypsetio di'n fwy. Gofynna iddyn nhw drafod gyda'i gilydd pan nad wyt ti yno.

2) Os yw hyn yn dy ypsetio, siarada â dy rieni am sut rwyt ti'n teimlo ac esbonia sut brofiad yw'r cyfan i ti.

3) Rho gynnig ar nodi dy deimladau. Gall dyddiadur emosiynau (tudalen 50) neu Storfa Straen (tudalen 54) fod yn help.

4) Atgoffa dy hun – nid dy fai di yw hyn. Dwyt ti ddim yn gyfrifol am broblemau dy rieni, a dwyt ti ddim yn gyfrifol am drio eu cadw nhw gyda'i gilydd. Dydy dy rieni ddim yn grac gyda ti.

5) Cer i siarad ag athro neu gwnselydd am yr hyn sy'n digwydd gartref. Dylen nhw allu rhoi cyngor defnyddiol i ti hefyd. Gall elusennau dy helpu os yw pethau'n teimlo'n anodd iawn (rhestr ar dudalen 154).

Teuluoedd cyfunol (*blended*)

Weithiau, pan fydd rhieni'n gwahanu, byddan nhw'n mynd ymlaen i gael teuluoedd gyda phobl eraill. Pan fydd dau riant (â'u teuloedd eu hunain) yn dod at gilydd i greu teulu cyfunol, bydd gan y plant hynny frodyr neu chwiorydd newydd ac annisgwyl. Gall hyn fod braidd yn anodd i ddeall ac i dderbyn. UN FUNUD TI SY'N CAEL Y SYLW I GYD A'R FUNUD NESAF, DYMA'R HOLL BOBL NEWYDD 'MA YN GLANIO!

Os wyt ti'n ffeindio dy hun yn y sefyllfa hon, mae'n IAWN i deimlo ychydig yn ddigalon. Mae rhan fawr o dy fywyd wedi newid yn aruthrol. Gydag amser, bydd popeth yn setlo ac yn dechrau teimlo'n normal eto. Os wyt ti'n cael trafferthion mawr, siarada â dy fam neu dy dad am y peth. Efallai bydd yna bethau gallan nhw wneud er mwyn i'r newid deimlo ychydig yn haws i ti. Gallet ti drafod gyda ffrind sydd wedi bod mewn sefyllfa debyg, neu dy athro neu gwnselydd, efallai?

Mae'n bwysig dy fod ti'n hapus, ac mae hi hefyd yn bwysig bod dy riant yn hapus. Gall hyn olygu derbyn teulu rhywun arall fel rhan o dy deulu di. Dros amser, fe ddoi di i feddwl am dy frodyr neu chwiorydd newydd fel ffrindiau (ac mae ffrindiau newydd yn golygu bydd pethau newydd i ti eu benthyg!).

TREIALON TEULUOL

Dydy rhieni jyst ddim yn deall ...

Wyt ti erioed wedi teimlo bod dy rieni'n dod o blaned arall a'u bod nhw ddim yn siarad yr un iaith â ti? A finnau! Roedd fy rhieni'n hunllefus pan oeddwn i'n tyfu. Doedden nhw ddim yn deall beth roeddwn i'n hoffi na beth oedd yn bwysig i fi.

'NA, MAM, DWI DDIM EISIAU GWISGO'R SIWMPER AFIACH 'MA, NA'R TROWSUS SY'N GWNEUD I FI EDRYCH FEL HEN DAD-CU!'

Ar y pwynt yna byddwn i fel arfer yn taranu o'r stafell a mynd i bwdu.

Mae hyn i gyd yn hollol normal, ac mae ffraeo gyda dy rieni'n bendant yn digwydd yn amlach yn ystod y glasoed. Wrth i dy ymennydd ddatblygu'n oedolyn, byddi di'n teimlo'n fwy annibynnol. Byddi di eisiau gwneud dy benderfyniadau dy hun, a bydd hyn yn newid mawr i bawb. Er nad yw dy rieni'n dod o blaned arall, fe dyfon nhw ar adeg arall, pan oedd y byd yn wahanol. Felly, efallai na fyddan nhw'n gweld pethau yn yr un ffordd â ti bob amser.

Hefyd, cofia dy fod ti'n fwy tebygol o wneud penderfyniadau ar sail emosiwn yn ystod y glasoed, yn hytrach nag ystyried a meddwl yn ofalus. Wel, sorri, ond mae hyn yn golygu byddi di – weithiau – yn gwneud penderfyniadau sydd ychydig yn **AMHEUS**! Gall hyn arwain at anghytuno hefyd.

Dydy gwybod hyn i gyd ddim wastad yn helpu pan wyt ti ar dân eisiau mynd allan i weld dy ffrindiau ac mae dy rieni'n dweud 'Na'. Gall hyn fod yn anodd iawn. Ond mae dy rieni'n gofalu amdanat ti, ac mae'n siŵr bod ganddyn nhw reswm da dros wneud yr hyn mae'n nhw'n ei wneud. Efallai ei bod hi'n nosi, efallai dy fod wedi addo gwneud dy waith cartref yn gyntaf, neu efallai dy fod wedi bod allan dipyn wythnos hon yn barod? Gall camu 'nôl a chymryd amser i drio deall safbwynt dy rieni fod yn help mawr. Beth am awgrymu dêl neu gyfaddawd? Gwna di rywbeth i'w helpu nhw, a gallan nhw fod yn hyblyg i drafod rhywbeth gyda ti.

Dydy hyn ddim yn golygu bod dy rieni'n berffaith. Maen nhw'n fodau dynol hefyd, ac maen nhw'n delio â straen gwaith, gofalu amdanat ti, a phopeth arall. Mae'n bosib weithiau y byddan nhw'n ymddwyn yn annheg neu'n afresymol, neu'n gwylltio gyda ti pan na ddylen nhw – sydd yn **DDIFLAS IAWN**. Mae rhieni'n anghywir weithiau (er nad ydyn nhw'n hoffi cyfaddef hyn). Defnyddia rai o'r tips o'r bennod ddiwethaf er mwyn ymdopi pan wyt ti'n teimlo'n rhwystredig, a gobeithio, pan fydd pawb wedi tawelu a phwyllo, gallwch chi sortio'r cyfan. Mae sgwrs gall ar ôl i bopeth setlo yn ffordd wych o esbonio dy safbwynt ar rywbeth.

Sdim ots pa mor dywyll bydd rhai dyddiau, bydd pethau'n gwella wrth i ti dyfu'n hŷn. Fydd pethau ddim fel hyn am byth! Dy berthynas gyda dy rieni yw un o'r rhai pwysicaf yn dy fywyd, felly ceisia beidio ei chymryd yn ganiataol. Wedi dweud hynny, alla i ddim pwysleisio pa mor falch oeddwn o droi'n ddeunaw oed a chael gadael am y brifysgol!

>> Dydy hyn ddim yn digwydd yn aml iawn, ond weithiau, dydy rhai rhieni neu ofalwyr ddim yn rhoi gofal eu plant yn gyntaf. Weithiau, efallai, byddan nhw'n gwneud niwed iddyn nhw. Os yw hyn yn digwydd i ti, siarada â rhywun galli di ei drystio yn yr ysgol, meddyg neu nyrs, neu ffonia linell gymorth (tudalen 154). **MAE DY HAPUSRWYDD A DY DDIOGELWCH YN HOLLBWYSIG.**

Brodyr a chwiorydd

Mae pawb yn anghytuno â'i frodyr neu chwiorydd o bryd i'w gilydd. Mae'n rhan o fod mewn teulu! Roedd fy mrodyr a fi'n aml yn cwffio dros y pethau lleiaf, fel pwy oedd yn rheoli beth fydden i'n ei wylio ar y teledu! Doedd hi ddim yn help chwaith ein bod ni tua'r un oed, ac yn profi problemau'r glasoed yr un pryd.

Ond anaml iawn y mae cwffio dros bethau yn ein gwneud ni'n hapus. Yr unig ffordd o sicrhau tegwch i bawb yw cyfaddawdu – cytuno bod pawb yn cael ychydig o'r hyn maen nhw ei eisiau.

Mae ceisio bod yn ffrindiau gyda dy frodyr neu chwiorydd yn syniad da. Gan ein bod ni'n fechgyn, a thua'r un oed, sylweddolodd fy mrodyr a fi petaen ni'n ffrindiau gallen ni rannu pethau fel dillad.

BŴM: AC MEWN FFLACH, ROEDD CYNNWYS FY WARDROB **DEIRGWAITH** YN FWY! (OND COFIA OFALU AM Y DILLEDYN WNEST TI FENTHYG, NEU EITH HI'N **DRAED MOCH!**)

Bydd y math o berthynas sydd gen ti gyda dy frawd neu chwaer yn dibynnu ar bwy yw'r hynaf neu'r ieuengaf. Roedd fy mrawd bach yn mynd ar fy nerfau, ond dwi'n gweld nawr mai eisiau sylw oedd e, oherwydd roedd e'n teimlo ei fod yn cael ei anwybyddu.

Ar y llaw arall, efallai fod dy frawd neu chwaer hŷn yn ymddangos yn hynod o cŵl, ac allet ti fyth fod fel nhw. Cymer amser i ddod i'w hadnabod nhw'n iawn, a rho le iddyn nhw os ydyn nhw eisiau llonydd. Mae'n eitha tebygol eu bod nhw'n trio gweithio pethau allan hefyd, er eu bod nhw'n edrych yn hyderus a chŵl.

TIPS I DDELIO Â BRODYR NEU CHWIORYDD:

1) Gofynna sut galli di fod yn frawd neu'n chwaer well ac esbonia sut gallen nhw fod yn fwy caredig wrthot ti.

2) Os ydyn nhw i'w gweld dan straen, gwna dy orau i beidio â'u poeni nhw. Dwed dy fod yn barod i wrando os byddan nhw eisiau siarad am unrhyw beth, a gad iddyn nhw gario 'mlaen. Cer i wneud rhywbeth arall yn y cyfamser.

3) Os na allwch chi ddatrys ffrae, awgryma eich bod yn siarad â rhiant neu ofalwr am y peth.

4) Ceisia fod mor deg â phosib, ac i rannu gymaint ag y galli di.

Y newyddion da yw 'bod fy mrodyr fel ffrindiau gorau i fi nawr. Maen nhw'n gwybod popeth amdana i a gallwn ni siarad am unrhyw beth. Dwi'n fwy agos atyn nhw nag ydw i at fy rieni, siŵr o fod, am y rheswm syml ein bod ni'n deall ein gilydd yn well! Rydyn ni wedi tyfu bellach, ac mae gyda ni fywydau gwahanol, ond rydyn ni'n helpu'n gilydd pan fod angen, a dwi'n gwybod galla i ddibynnu arnyn nhw bob amser. Mae'n anhygoel sut daethon ni'n agosach gydag amser. Neges y stori? Aros yn agos at dy frodyr a dy chwiorydd: bydd eich perthynas werth y byd yn y pen draw.

Bod yn unig blentyn

Roedd gen i rai ffrindiau heb frawd neu chwaer. Dwi'n cofio meddwl eu bod nhw'n lwcus – doedd dim rhaid iddyn nhw rannu, na delio â rhywun yn mynd ar eu nerfau o hyd. Ond sylweddolais i gallai hynny fod yn brofiad unig hefyd. O leia roedd gen i rywun i sgwrsio neu i dreulio amser gyda nhw.

Os wyt ti'n unig blentyn ac yn teimlo'n unig weithiau, gall ffrindiau ac aelodau eraill y teulu fod yn wych. Gallan nhw fod fel brawd neu chwaer! Roeddwn i wastad yn dod ymlaen yn dda iawn gyda fy nghefndryd, ac ro'n i'n eu gweld nhw fel brodyr a chwiorydd ychwanegol i fi.

FFRINDIAU FFANTASTIG

Nawr, gawn ni siarad am ffrindiau? Y tu hwnt i'n teulu, ein ffrindiau sy'n rhoi'r gefnogaeth fwyaf. Gyda nhw byddwn ni'n rhannu pethau o ddydd i ddydd, gyda nhw byddwn ni'n siarad am yr ysgol a'r pethau rydyn ni'n hoffi eu gwneud. Gyda nhw byddwn ni'n sgwrsio a rhannu straeon. Nhw hefyd yw'r bobl sy'n gwneud i ni deimlo ein bod yn perthyn i rywbeth.

Pan nad yw pethau'n wych gartref, efallai mai at dy ffrindiau byddi'n troi.

Dyma pam mae hi'n bwysig dewis y math iawn o ffrindiau. Mae cael cylch da o ffrindiau'n golygu:

- Bod gen ti rywun i gymdeithasu, i siarad ac i dreulio amser gyda nhw.
- Gallwch fod yn gefn i'ch gilydd yn ystod cyfnodau anodd.
- Gallwch rannu gemau, profiadau, a phenblwyddi.
- Gallwch gadw llygad ar eich gilydd rhag ofn bydd angen help ar rywun.

Does dim rhai i ti fod yn ffrindiau gyda bechgyn yn unig. Dydy merched ddim yn êliyns! Byddi di'n siŵr o ddod o hyd i rai merched sy'n hoffi'r un pethau â ti. Hefyd, gall merched fod yn wych am wrando a thrafod, ac efallai bydd ganddyn nhw safbwynt gwahanol i dy ffrindiau sy'n fechgyn.

Mae bod yn wahanol yn wych!

Mae derbyn gwahaniaethau'n rhan bwysig o gyfeillgarwch. Nid pawb sy'n dod o'r un math o deulu, sy'n siarad yr un iaith, nac yn bwyta'r un bwydydd.

Bydd rhai plant yn dy ysgol yn gwisgo dillad gwahanol i ti pan fyddan nhw gartref, neu bydd ganddyn nhw grefydd gwahanol. Fydd rhai ddim yn edrych yn debyg i ti oherwydd bod lliw eu croen yn wahanol neu bod ganddyn nhw fath gwahanol o wallt. Bydd rhai bechgyn yn hoffi pethau sy'n wahanol i ti. Dyma beth rydyn ni'n ei alw'n amrywiaeth.

Mae cael ffrindiau o gefndiroedd a diwylliannau amrywiol, gyda diddordebau gwahanol i dy rai di, yn beth gwych. Byddi di'n dysgu am fywyd sy'n wahanol i dy un di, a sut le ydy'r byd go iawn. Bydd rhai pobl wedi profi annhegwch gan eraill oherwydd eu bod nhw'n wahanol. Ond **GALLI DI NEWID HYN!** Mae pawb yn gyfartal, mae pawb yn bwysig, a gallwn ni gyd-fyw'n hapus os bydd pawb yn deall hynny a cheisio gwneud yn well.

Cofia fod pob person – yn dy gynnwys di a dy ffrindiau – yn haeddu bod yn hapus, a chael eu derbyn am bwy ydyn nhw, heb byth orfod teimlo'n ddrwg am hynny.

Pwysau gan gyfoedion (*peer pressure*)

Er bod pawb yn hoffi bod yn rhan o grŵp, gall bod mewn criw o ffrindiau wneud i ti deimlo weithiau bod rhaid i ti wneud pethau achos bod dy ffrindiau'n eu gwneud. Neu'n dweud wrthot ti am wneud.

YDY PAWB EISIAU BOD YN CŴL, AC YN 'UN O'R BOIS'?

Efallai dy fod yn poeni na chei di fod yn rhan o'r grŵp os byddi di'n gwrthod gwneud rhywbeth. Dyma beth sy'n cael ei alw'n bwysau gan gyfoedion.

Cofia fod dy ymennydd yn fwy parod i fentro a chymryd risg yn ystod cyfnod y glasoed. Gallai hyn olygu dy fod yn gwneud rhywbeth a difaru wedyn, neu hyd yn oed gael dy hun mewn trwbwl mawr. Os yw hyn yn swnio fel ti, cofia fod gen ti dy feddwl dy hun, a dy feddyliau dy hun. Galli di wneud beth bynnag rwyt ti eisiau ei wneud. Dydy dy ffrindiau ddim wastad yn gwybod beth sydd orau i ti, felly os nad yw rhywbeth yn teimlo'n iawn, gwranda ar dy reddf a thrystia dy hun.

Weithiau bydd pobl yn defnyddio'r gair 'gang' i ddisgrifio grŵp o ffrindiau.

GALL GANGS FOD YN WYCH OS MAI GRŴP O FFRINDIAU YDYN NHW SY'N HOFFI CAEL HWYL.

Ond o ddifri, mae rhai grwpiau, neu gangs, yn newyddion drwg. Mae rhai'n gwneud pethau anghyfreithlon neu'n brifo pobl. Gall aelodau deimlo fel na allan nhw feddwl drostyn nhw eu hunain. Gallan nhw hefyd deimlo fel na allan nhw ddianc rhag ofn iddyn nhw gael eu cosbi. Mae'n hollbwysig bod pobl fel hyn yn siarad ag oedolyn, neu'n troi at un o'r elusennau yng nghefn y llyfr hwn, cyn gynted â phosib.

Teimlo'n unig

Bydd pawb yn teimlo'n unig weithiau, a dydy hyn ddim yn anarferol o gwbl. Mae teimlo unigrwydd fel system rybudd yn dy ymennydd sy'n dweud wrthot ti fod angen cwmni pobl eraill arnat ti. Bydd y teimladau'n tueddu i ddiflannu pan fyddwn ni gyda phobl sy'n gwneud i ni deimlo'n dda. Mae ychydig bach o unigrwydd yn beth da weithiau, er mwyn i ti ddod i ddysgu sut mae bod yn gyfforddus ar dy ben dy hun.

OEDDET TI'N GWYBOD Y GALLI DI DEIMLO'N UNIG YNG NGHANOL POBL? Os wyt ti'n rhan o grŵp, ond dy fod ddim yn teimlo'n sicr nac yn gyfforddus, gall hyn wneud i ti deimlo'n unig hefyd.

Dydy taclo unigrwydd ddim bob amser yn hawdd. Mae'n anodd gwneud ffrind newydd. Dwi'n gwybod hynny o brofiad – roeddwn i'n aml yn teimlo'n reit unig, ac roedd dod o hyd i bobl roeddwn i'n gyfforddus yn eu cwmni'n ymdrech fawr. Mae'n beth prin!

Mae sawl ffordd o wneud cysylltiad â phobl. Os wyt ti'n teimlo allan ohoni, beth am drio:

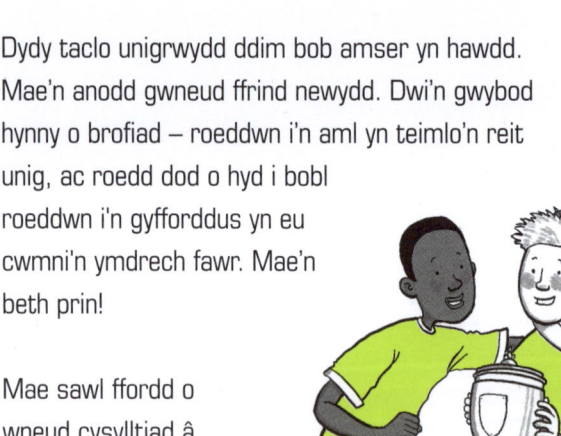

Dydy bod ar dy ben dy hun ddim wastad yn beth **DRWG**. Mae gwneud pethau ar dy ben dy hun yn ffordd wych o ennill hunanhyder! Dwi wastad wedi credu bod y cyfeillgarwch gorau'n dechrau trwy fod yn ffrind i ti dy hun. Mae darllen, gwrando ar gerddoriaeth, gwneud crefftau a phethau tebyg yn hwyl ac yn dy helpu i ymlacio.

- Cysylltu wyneb yn wyneb: dangos diddordeb yn y bobl o dy gwmpas, a beth maen nhw'n ei wneud. Efallai gwnân nhw ofyn i ti ymuno â nhw.

- Cysylltu â chlybiau: os wyt ti'n dda am wneud rhywbeth, fel chwaraeon neu ddrama, chwilia am glwb y tu allan i'r ysgol lle galli di rannu dy ddiddordeb gyda phobl newydd. Mae bod yn aelod o dîm yn ffordd dda o deimlo'n rhan o rywbeth.

- Cysylltu ar-lein: os na alli di fynd i glwb, chwilia am grwpiau ar-lein (ond cadwa at safleoedd gwe swyddogol ac addas). Gwiria'r oed gofynnol bob amser a chofia holi rhiant os nad wyt ti'n siŵr. Ddylet ti ddim mynd i gyfarfod rhywun wnest ti gwrdd ar-lein heb fod oedolyn yn gwybod. Mae rhagor o wybodaeth am gadw'n ddiogel ar y we ym mhennod 5.

- Cysylltu yn yr ysgol: gofynna a oes clybiau neu weithgareddau gallet ti ymuno â nhw yn yr ysgol. Os nad oes clwb sy'n apelio, beth am ddechrau un dy hun?

Cael y blaen ar y bwlis

Mae pawb wedi gweld y penawdau: Mae bwlio yn ddrwg. Ond sut wyt ti'n dweud y gwahaniaeth rhwng bwlio a sbort diniwed? Er ei fod yn rhywbeth sy'n cael ei drafod mor aml mewn ysgolion, gall fod yn anodd ei adnabod.

Nid dim ond ymosod yn gorfforol ar rywun yw bwlio, na gwneud iddyn nhw deimlo'n ofnus neu dan fygythiad. Bwlio yw unrhyw ymddygiad sy'n gwneud i rywun arall deimlo'n wael. Gall hyn gynnwys pryfocio, galw enwau, neu ddwyn eiddo.

Mae rhai pobl yn cael eu bwlio oherwydd pwy ydyn nhw neu beth maen nhw'n hoffi. I eraill, gall fod oherwydd eu bod nhw ychydig bach yn wahanol. Ond does byth fai ar y person sy'n cael ei fwlio. Y gwir yw, mae bwlis yn bwlio oherwydd eu bod nhw'n teimlo'n wael amdanyn nhw eu hunain. Efallai eu bod nhw'n gwneud oherwydd eu bod nhw wedi cael eu bwlio, neu oherwydd eu bod nhw eisiau rheoli rhywun arall. Efallai eu bod nhw'n mynd drwy gyfnod anodd a bod hyn yn ffordd o alw am help. Dydy hi ddim yn anarferol bod angen help ar y bwli ei hun, yn ogystal â'r person sy'n cael ei fwlio.

Does dim ots pa ffurf mae'r bwlio'n ei chymryd, dydy hi byth yn iawn i fwlio unrhyw un. Felly os wyt ti'n teimlo'n anesmwyth wrth ddarllen hwn, ac yn meddwl efallai dy fod wedi gwneud rhywfaint o fwlio dy hun, heb sylweddoli, mae angen i ti roi'r gorau iddi yr eiliad hon. Does gan neb yr hawl i wneud i rywun arall deimlo'n wael.

Os wyt ti wedi bod yn bwlio rhywun, cymer eiliad i roi dy hun yn esgidiau'r person hwnnw. Sut faset ti'n teimlo petai rhywun yn gwneud hyn i ti? Oes rhywbeth anodd yn digwydd yn dy fywyd ac wyt ti'n ei chael hi'n anodd ymdopi? Os mai dyma sydd wrth wraidd y bwlio, cer i siarad ag oedolyn a gofynna am help. Hyd yn oed os wyt ti wedi ymddwyn yn ddrwg yn y gorffennol, dydy hyn ddim yn golygu na alli di fod yn berson gwell yn y dyfodol. Mae pawb yn haeddu ail gyfle.

Ar y llaw arall, os mai ti yw'r person sy'n cael ei fwlio, nid dy le di yw teimlo trueni dros fwlis, na cheisio eu newid nhw. Ond does dim rhaid i ti ddioddef a dylet ti'n sicr siarad â rhywun am y peth. Mae gan bob ysgol bolisi gwrth-fwlio, sef rhestr

o reolau er mwyn rhoi stop ar fwlio. Mae'r rheolau'n dangos bod yr ysgol yn cymryd hyn o ddifri ond maen nhw hefyd wedi'u creu i helpu'r sefyllfa, heb wneud pethau'n waeth. Hefyd, mae elusennau fel yr Anti Bullying Alliance yn gallu helpu (tudalen 154).

Felly, rydyn ni wedi trafod y person sy'n cael ei fwlio, a'r bwli ei hun. Dyna ni, ie? Beth os wyt ti'n gweld rhywun yn cael ei fwlio ond yn gwneud dim am y peth? Roedd person tawel a phreifat yn fy nosbarth yn yr ysgol. Byddwn i'n siarad â fe bob amser cinio er mwyn gweld a oedd e'n iawn. Sylweddolais i ei fod e'n cael ei bryfocio gan rai o'r bechyn eraill. Gofynnais i a fyddai e'n hoffi petawn i'n dod gyda fe i siarad ag athro am y peth. Unwaith i'r athro ddod i wybod beth oedd yn digwydd, daeth y bwlio i ben, a daethon ni'n ffrindiau da.

Pan wyt ti'n gweld rhywbeth yn digwydd, rwyt ti'n dyst ac yn wyliwr. Ond os wyt ti'n gweld rhywun yn cael ei fwlio, ddylet ti byth gamu 'nôl a gadael iddo ddigwydd.

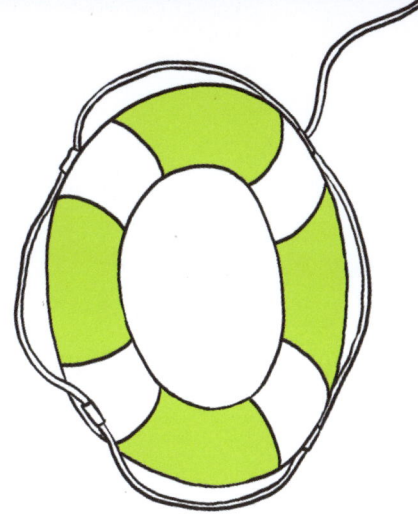

WRTH GEFNOGI RHYWUN ARALL,
BYDDI DI'N EI HELPU I FOD YN
HAPUSACH YN YR YSGOL – A
BYDDI DI'N SIŴR O ENNILL FFRIND
NEWYDD ARBENNIG HEFYD.

Dod o hyd i dy griw

Cofia bob amser: mae dy ffrindiau a dy
deulu yno i wneud i ti chwerthin nes dy fod
yn crio, ac i roi cwtsh dynn pan fydd y dagrau'n llifo go iawn.
Cred ti fi, mae'r byd yn LLAWN o bobl sydd ar dân eisiau bod
yn ffrind i ti. Felly, cer i greu perthynas anhygoel gyda'r bobl
sy'n mynd i fod yn gefn i ti – drwy'r da a'r drwg. Os yw hynny'n
golygu dy chwaer sy'n mynd ar dy nerfau ar hyn o bryd, neu'r
bachgen tawel sy'n byw rownd y gornel … gall y cyfeillgarwch
rwyt ti'n ei greu nawr fod gyda ti am byth.

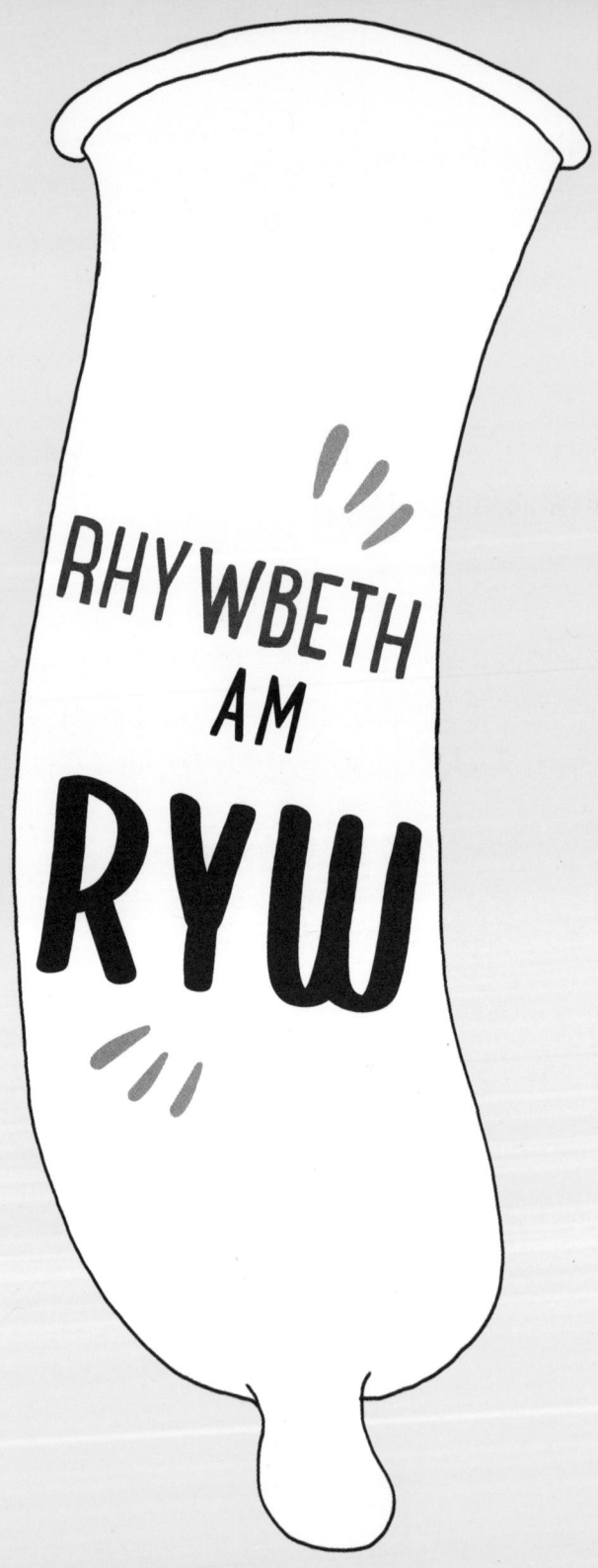

4

Dyma ni: y bennod am ryw. Dwi wedi enwi hon ar ôl hen gân, ond rho gyfle i fi esbonio! Mae'n bryd i ti gael gwers hanes gerddorol ...

Roedd Salt-N-Pepa yn fand merched oedd yn canu hip-hop yn yr 1980au, sef cyfnod pan oeddwn i'n tyfu. Roedden nhw'n canu'n uchel, yn feiddgar ac yn llawn *girl power*. Gwerthon nhw filiynau o recordiau dros y byd, ac yn 1991, dyma nhw'n rhyddhau un o'u caneuon enwocaf, 'Let's Talk About Sex'!

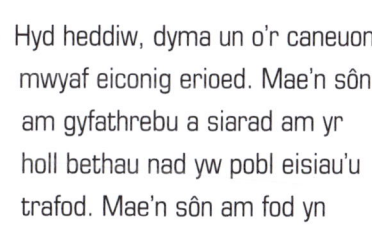

Hyd heddiw, dyma un o'r caneuon mwyaf eiconig erioed. Mae'n sôn am gyfathrebu a siarad am yr holl bethau nad yw pobl eisiau'u trafod. Mae'n sôn am fod yn onest ac yn agored, a bod yn ddigon dewr i ofyn os nad wyt ti'n deall rhywbeth. A dyma'n union beth rydw i eisiau i ti ystyried a chofio amdano ar ôl darllen y bennod hon. Pan fydd rhywbeth yn dy ddrysu di (yn enwedig ynglŷn â rhyw), a dy fod eisiau gwybod mwy, gofynna!

Beth yn union ydyn nin ei olygu wrth sôn am 'ryw'?

Yn dechnegol, gall y gair 'rhyw' gael ei ddefnyddio mewn dwy ffordd.

Yn gyntaf, er mwyn dweud os yw rhywun yn wrywaidd neu'n fenywaidd (yn fachgen neu'n ferch). Er enghraifft, os wyt ti'n llenwi ffurflen, efallai bydd cwestiwn am dy ryw. Gawn ni siarad am hyn.

RHYW NEU RHYWEDD

Wrth ddefnyddio'r geiriau RHYW a RHYWEDD, rydyn ni fel arfer yn disgrifio bod rhywun yn ferch neu'n fachgen. Yn yr achos hwn, rhyw yw'r gair sy'n disgrifio pa rannau'r corff cest ti dy eni â nhw. Mae rhai pobl yn galw hyn yn rhyw biolegol, ac mae'n rhywbeth sy'n cael ei benderfynu gan dy DNA neu enynnau.

Mae rhywedd yn air arall sy'n dweud bod rhywun yn ferch neu'n fachgen. Ond mae pobl yn aml yn defnyddio hwn er mwyn disgrifio sut maen nhw'n teimlo. Felly mae'n ymwneud mwy â hunaniaeth (*identity*). I'r rhan fwyaf o bobl, mae eu rhywedd a'u rhyw yr un peth. Maen nhw'n uniaethu â'r rhyw y cawson nhw eu geni.

Ond i nifer fach o bobl, gall eu rhyw a'u rhywedd fod yn wahanol, a gall gymryd blynyddoedd i fod yn sicr o hyn. Er enghraifft, gall rhywun deimlo fel merch, er bod y gair 'bachgen' ar eu tystysgrif geni. Neu fel arall. Y gair am hyn yw trawsryweddol.

Os oes gen ti deimladau neu feddyliau cymysg am dy hunaniaeth, dy gorff, neu dy feddyliau am eraill, yna bydd yn syniad da i ti siarad ag oedolyn neu feddyg.

RHYW (YR YSTYR ARALL)

Mae ail ystyr y gair 'rhyw' yn disgrifio cymryd rhan mewn gweithgaredd rhywiol neu gyfathrach rywiol (*sexual intercourse*). Dyma pryd bydd dau berson agos sydd â theimladau gofalgar dros ei gilydd yn cusanu a chwtsho, ac yn cynnwys mannau preifat eu cyrff wrth wneud hyn, sef y pidyn neu'r wain. Efallai fod hyn yn teimlo ychydig yn rhyfedd neu'n afiach i ti nawr, ond mi wnawn ni siarad mwy amdano dros y tudalennau nesaf.

Pam mae angen i ni siarad am y peth?

Mae rhyw yn weithred gwbl naturiol i oedolion dynol. Wyt ti'n barod am ffaith fwyaf anghyfforddus y llyfr hwn? Mwy na thebyg, rwyt ti ar y blaned hon heddiw am fod dy rieni wedi cael rhyw! Dwi'n gwybod, yyyhhh. Dywedais i mai gonestrwydd oedd thema'r bennod hon, on'd o!

Rhyw yw'r rheswm ein bod ni – y rhywogaeth ddynol (*human species*) – neu bobl – yn bodoli; dyma sut rydyn ni'n gwneud mwy o bobl. Mae anifeiliaid wrthi hefyd. Efallai dy fod wedi clywed pobl yn sôn am ryw, a'i alw'n: *'the birds and the bees'*. Sy'n rhyfedd, oherwydd dydy adar na gwenyn ddim yn cael rhyw fel mae pobl, ond dyna ni!

Bydd pobl yn aml yn teimlo embaras neu gywilydd wrth sôn am ryw. Does dim eisiau i ti siarad amdano o hyd ac o hyd, ond does dim o'i le ar sgwrsio am ryw pan fod angen. Does dim angen teimlo'n ofnus chwaith, er ei bod hi'n naturiol i'w ystyried yn fater mawr ar hyn o bryd. Gallai rhyw fod yn fater ar gyfer y dyfodol pell yn dy fywyd di.

Ar y llaw arall, efallai dy fod yn teimlo fod gen ti lwyth o wybodaeth yn barod. Mae llawer o bobl yn dysgu am ryw gan eu ffrindiau, neu'r teledu neu ar-lein. Ond dydy'r ffyrdd yma o ddysgu ddim wir yn ddibynadwy, felly efallai nad wyt ti'n gwybod y stori gyfan.

Byddi di'n cael addysg am berthynas a rhyw yn yr ysgol, sy'n beth gwych. Galli di hefyd ddefnyddio'r wybodaeth sydd yn y bennod hon er mwyn llenwi unrhyw fylchau yn dy wybodaeth.

DWI'N DY FFANSÏO DI!

Wrth i ti dyfu, byddi di'n ffeindio dy hun yn datblygu teimladau am eraill, sy'n fwy na chyfeillgarwch. Wyt ti'n meddwl amdanyn nhw'n aml? Oes gen ti deimlad rhyfedd yn dy fol pan wyt ti'n meddwl amdanyn nhw neu'n eu gweld nhw? Wyt ti'n teimlo'n nerfus wrth siarad â nhw? Wyt ti eisiau'u cusanu? Os wyt ti, mae'n debygol dy fod yn eu ffansïo nhw!

Mae cael perthynas ramantus yn rhan o ddod yn oedolyn. Paid â phoeni os nad wyt ti'n teimlo fel dechrau perthynas ar hyn o bryd; efallai byddi di'n teimlo'n wahanol yn nes ymlaen, neu efallai na fyddi di eisiau un o gwbl. Ches i ddim cariad tan fy mod i'n un deg naw oed. Doeddwn i ddim yn barod tan hynny, ac efallai na fyddi di chwaith.

Pan fydd rhywun yn ffansïo rhywun o ryw gwahanol, byddwn ni'n galw hyn yn heterorywiol (*heterosexual*) neu'n syth (*straight*). Mae bod yn hoyw, neu'n gyfunrywiol (*homosexual*) yn golygu ffansïo rhywun o'r un rhyw â ti. Mae dwy ferch sy'n ffansïo ei gilydd hefyd yn cael eu galw'n lesbiaid (*lesbians*). Mae'r term LHDT (Lesbiaidd, Hoyw, Deurywiol, Traws) yn cynnwys pobl drawsryweddol, neu draws.

Mae cael teimladau cryf am bobl o'r un rhyw â ti'n gallu bod yn normal wrth dyfu. Bydd amseroedd hefyd, efallai, pan fyddi di'n cael y

teimladau hyn am bobl o ryw gwahanol. Dydy hyn ddim o angenrheidrwydd yn golygu dy fod yn hoyw neu'n syth. Gydag amser byddi di'n sylwi ar batrwm yn dy deimladau, a bydd hyn yn rhoi syniad gwell i ti o bwy neu beth rwyt ti'n hoffi. Paid â phoeni am benderfynu'n rhy fuan!

Does dim rheolau ynglŷn â phwy ddylet ti hoffi neu beidio. Cymer dy amser a gweld sut mae pethau'n mynd. Mae rhai pobl yn hoffi pobl o'r ddau rhyw (deurywiol – *bisexual*) neu ddim yn hoffi pobl o gwbl (anrhywiol – *asexual*), ac mae'r rhain i gyd yn IAWN! Cyn belled â dy fod yn trio bod yn berson da, mae gen ti'r hawl i fod fel rwyt ti eisiau bod, a charu pwy bynnag rwyt ti'n ei garu. Bydd yn ti dy hun.

Yn anffodus, mae gan rai pobl ofn unrhyw un sy'n wahanol iddyn nhw, neu bobl sydd ddim yn syth. Weithiau byddan nhw'n galw enwau arnyn nhw neu'n trio eu brifo. Eu problem nhw yw hyn, nid dy un di! Bydda'n ofalus yng nghwmni pobl allai deimlo fel hyn, a siarada â rhywun os wyt ti byth yn teimlo mewn peryg.

Bydd rhai pobl yn defnyddio'r term '*gay*' er mwyn gwawdio. Dydy hyn byth yn iawn. Efallai dy fod wedi clywed y gair '*queer*' hefyd. Tra bod rhai'n gweld hwn fel gair drwg all frifo eraill, mae llawer o bobl LHDT+ nawr yn defnyddio'r gair i ddisgrifio'u hunain mewn ffordd bositif.

Os oes gen ti ragor o gwestiynau am bethau fel hyn, efallai fod clwb neu gymdeithas LHDT+ yn dy ysgol. Mae rhai ysgolion hefyd yn dathlu Wythnos Amrywiaeth, ac yn dysgu am fathau

gwahanol o bobl. Gallet ti hefyd ddefnyddio'r gwefannau a'r llinellau cymorth ar ddiwedd y llyfr hwn.

Sylweddolais i fy mod i'n hoyw pan oeddwn i tua thri deg oed. Dwi'n gwybod, mae hynny'n hen iawn! Cyn hynny, roeddwn i wedi ffansïo merched, a chael perthynas gyda nhw; roeddwn i hefyd yn briod â merch am gyfnod. Cymerodd dipyn o amser i fi sylweddoli fy mod i siŵr o fod yn fwy hoff o bobl o'r un rhyw â fi. Pan benderfynais i ddweud wrth bobl eraill, o'r diwedd, doedd hi ddim yn hawdd. Ond roedd fy nheulu a fy ffrindiau'n anhygoel. Ers i fi 'ddod allan', mae fy mywyd wedi gwella gymaint, a dwi erioed wedi bod yn hapusach! Dwi mor falch fy mod i'n gallu bod yn fi fy hun – yn gyfan gwbl nawr.

Cusanu

Mae cusanu yn rhywbeth byddwn ni'n ei wneud er mwyn dangos hoffter a mynegi teimladau cynnes. Rydyn ni i gyd wedi cael cusan ar y foch gan berthynas neu ffrind. Mae cyplau sy'n ffansïo ei gilydd, neu â theimladau gofalgar am ei gilydd, yn cusanu ar y wefus neu'r geg. Pam? Mae sawl theori am hyn, ond mae'n debyg bod miliynau o nerfau yn y wefus, a dyma un o fannau mwyaf sensitif y corff. Mae'n teimlo'n braf!

Os byddi di'n gariad i rywun, byddi di'n siŵr o'u cusanu rhywbryd. Gall y gusan gyntaf fod yn lletchwith iawn, ond beth sy'n bwysig yw trio a gweld beth rwyt ti a dy bartner yn ei hoffi. Does dim ffordd gywir o gusanu, a does neb yn ei wneud yn berffaith y tro cyntaf!

Bydd rhai pobl yn cusanu gyda'u ceg yn unig. Bydd eraill yn defnyddio eu tafod hefyd. Beth bynnag rwyt ti'n ffafrio, bydd yn dyner a chymer hi'n araf. Gall fod yn syniad da sicrhau bod dy geg yn lân cyn dechrau – estyn am dy frwsh dannedd!

Eisiau ymarfer cusanu, ond heb fod yn barod i wneud gyda pherson go iawn? Beth am wneud siâp 'ceg' gyda dy fys bawd a dy fys cyntaf, ac ymarfer ar hwnna?

DYMA AMBELL REOL SYML OS WYT TI EISIAU BOD YN GARIAD GORAUR BYD:

1) Siaradwch â'ch gilydd er mwyn dod i wybod beth yw eich hoff bethau neu gas bethau. Mae'n well dod ymlaen na ffraeo drwy'r amser.

2) Paid anghofio pen-blwydd eich perthynas! Neu'r dyddiad gwnaethoch chi gwrdd.

3) Gwrandewch ar eich gilydd a pharchwch ddymuniadau a ffiniau eich gilydd. Mae gwybod beth sy'n iawn a beth sydd ddim yn iawn yn ffordd aeddfed o fod mewn perthynas. Rhowch ofod i'ch gilydd pan fydd angen, hefyd.

4) Dangos dy fod yn poeni – bydd yn rhamantus, yn llawn hwyl, gan feddwl ar dy draed weithiau!

5) Bydd yn barod i gyfaddawdu pan mae anghytuno. Does dim angen cytuno ar bopeth, ond mae'n bwysig meddwl am y person arall, yn ogystal â ti dy hun.

6) Byddwch yn ofalgar a chadwch gefn eich gilydd. Cadwch eich gilydd yn ddiogel.

7) Cadwch eich sgyrsiau'n breifat. Byddwch chi'n siŵr o rannu pethau personol iawn, felly parchwch hawl eich gilydd i gael preifatrwydd.

8) Bydd yn driw a dangos i'r person arall eu bod nhw'n bwysig i ti. Mae hyn yn golygu peidio â fflyrtio gyda phobl eraill!

WEL, BETH AM WILIS?

Allwn ni ddim siarad am ryw heb siarad am y wili. Ond wnawn ni ddefnyddio'r gair cywir, y pidyn. Wnawn ni drafod beth sy'n digwydd i dy bidyn pan wyt ti'n dechrau meddwl am ryw.

Codiad (*erection*) ac alldafliad

Sonion ni am godiadau ym mhennod un, ond er mwyn dy atgoffa, dyma ni: Mae pidyn bachgen fel arfer yn feddal a llipa. Ond bob hyn a hyn bydd yn mynd yn galed, yn arbennig pan fydd y bachgen yn meddwl am ryw, yn teimlo'n gyffrous neu'n gynhyrfus, neu pan mae'n cyffwrdd â'r pidyn.

Bydd **CODIAD** yn digwydd pan fydd y pidyn yn llenwi â gwaed, gan wneud iddo chwyddo a chaledu. Bydd yn edrych yn fwy hefyd. Mae gwaed yn pwmpio o gwmpas dy gorff a thrwy dy bidyn o hyd. Yn ystod codiad, bydd rhagor o waed yn llifo i'r pidyn nag sy'n llifo allan, a dyma pam mae'n mynd yn fwy. Yn raddol, bydd y gwaed yn llifo ohono eto a bydd yn troi'n feddal a llipa eto.

Pwrpas codiad yw dy baratoi at gael rhyw. Os wyt ti'n cael codiad, ac yn parhau i gynhyrfu, gall arwain at rywbeth o'r enw alldafliad (*ejaculation*). Mae sberm sy'n cael ei wneud yn y ceilliau'n cymysgu gyda hylif o'r prostad er mwyn creu

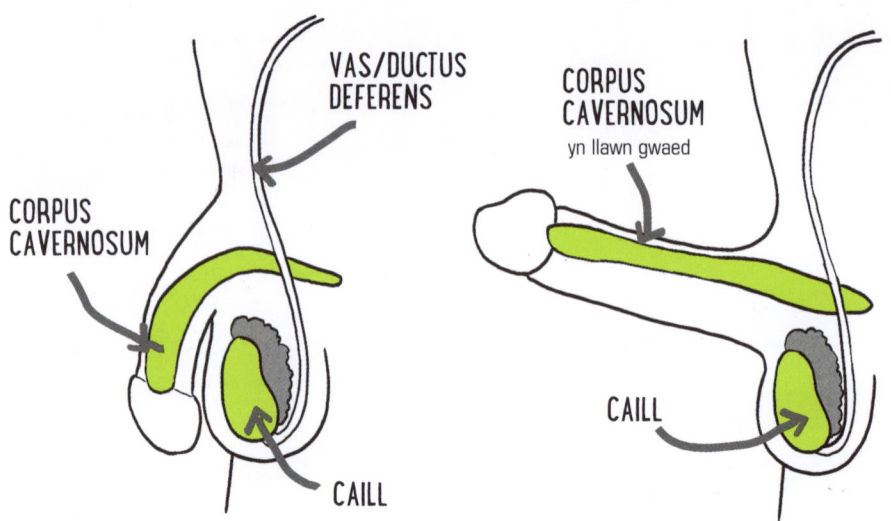

VAS/DUCTUS DEFERENS

CORPUS CAVERNOSUM

CORPUS CAVERNOSUM
yn llawn gwaed

CAILL

CAILL

semen – hylif melynwyn. Daw hwn wedyn trwy'r wrethra a thasgu allan o'r pidyn, wrth i'r cyhyrau ymestyn a byrhau (cyfangu – *contract*), ac mae modd teimlo hyn yng ngwaelod y pidyn. Mae'r rhyddhad fel arfer yn creu teimlad braf iawn, a'r enw am hyn yw orgasm neu 'dod'.

Mae merched yn 'dod', neu'n cael orgasm hefyd, ond dydyn nhw ddim yn alldaflu wrth wneud. Bydd y cyhyrau o gwmpas y wain yn ymestyn a byrhau'n rhythmig. Tra bod bechgyn yn tueddu i gael un orgasm, ac yna'n cael hoe cyn gallan nhw fynd ati eto, gall merched weithiau gael sawl orgasm ar y tro.

Mastyrbio a breuddwyd wlyb

Mae rhai bechgyn yn hoffi rwbio eu pidyn tan iddyn nhw ddod. Y gair am hyn yw mastyrbio (neu 'wancio'). Gall deimlo'n hyfryd, ond gallai dy bidyn ddechrau teimlo'n dyner a phoenus iawn os gwnei di ormod o hyn! Nid bechgyn yn unig sy'n mastyrbio. Gall merched wneud eu hunain i deimlo'n dda hefyd. Ond nid pawb sy'n mastyrbio'n aml, a dydy rhai ddim yn ei wneud o gwbl, ac mae hyn hefyd yn normal.

Mae sawl stori gwbl ddwl am fastyrbio – a dwi wedi clywed pob un! Er enghraifft, mae un yn honni yr ei di'n ddall wrth wneud! Byddi di'n falch o glywed nad ydy'r storïau yma'n wir. Mae dod i ddeall dy gorff yn rhan o'r broses o dyfu, ac mae'r rhan fwyaf o oedolion yn ei wneud hefyd.

Yn ystod eu glasoed, bydd bechgyn weithiau'n cael breuddwydion am ryw, sy'n achosi iddyn nhw gael codiad, a hyd yn oed alldaflu, yn eu cwsg. Rydyn ni'n galw hyn yn freuddwyd wlyb. Gallan nhw wneud tipyn o lanast, ond does dim angen bod â chywilydd ohonyn nhw. Sycha'r hylif gyda phapur tŷ bach neu hances, a newidia dy drôns, dy byjamas neu dy ddillad gwely os oes rhaid.

NAWR, GAWN NI SIARAD AM RYW

Fel dywedais i, dydy rhyw ddim yn rhywbeth i boeni amdano nac i deimlo cywilydd ohono – er ei fod yn teimlo'n reit bell i ffwrdd i ti ar y funud, mae hyn yn iawn. Dylet ti gael rhyw pan wyt ti'n hapus ac yn barod – a dim cynt. Cyn i ti wneud unrhyw beth, mae angen i ti wybod beth mae'n ei olygu.

Pan fydd dy gorff yn mynd trwy'r glasoed, mae'n dy baratoi at gael rhyw (a gwneud babis) fel oedolyn. Ond nid dim ond er mwyn gwneud babis mae pobl yn cael rhyw. Mae llawer o bobl yn gwneud achos eu bod nhw'n ei fwynhau. Mae hefyd yn ffordd o ddangos i dy bartner eu bod nhw'n golygu llawer i ti.

Pan fydd cwpwl syth yn cael rhyw, byddan nhw'n cusanu, cwtsho ac yn cyffwrdd â'i gilydd. Bydd y dyn yn cael codiad, a gwain y fenyw yn rhyddhau hylif llithrig. Mae'r hyn sy'n digwydd yn y cyfnod hwn (cyn cael rhyw) yn cael ei alw'n RHAGCHWARAE (*foreplay*), ac mae'n bwysig er mwyn paratoi'r cwpwl at gael rhyw. Bydd y dyn wedyn yn rhoi ei bidyn i mewn i wain y fenyw ac yn ei symud ymlaen ac yn ôl. Ymhen amser bydd y dyn fel arfer yn alldaflu (a chael orgasm), ac yna bydd ei bidyn yn mynd yn feddal eto, a bydd yn ei dynnu allan o'r fenyw. Gall y fenyw gael orgasm hefyd.

Mae hi'n bwysig cofio nad dyma fel mae pawb yn cael rhyw. Dydy rhyw ddim bob amser yn golygu rhoi pidyn mewn gwain, a dydy e ddim bob tro'n digwydd rhwng dyn a menyw. Gall ddigwydd rhwng dau ddyn neu ddwy fenyw, mewn ffordd wahanol.

GWNEUD BABI

Un o'r rhesymau dros gael rhyw yw er mwyn gwneud babi. I hyn ddigwydd mae'n rhaid i sberm (o geilliau dyn) ac wy (o ofarïau menyw) ddod at ei gilydd, er mwyn i'r sberm allu ffrwythloni'r wy.

Mae'r diagram isod yn dangos y camau wrth i wy sydd wedi'i ffrwythloni, droi'n ffetws.

SBERM YN CWRDD AG WY
(FFRWYTHLONI)

WY WEDII FFRWYTHLONI

CYFNOD 2-GELL

CYFNOD 4-CELL

CYFNOD 8-CELL

CYFNOD 16-CELL

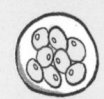

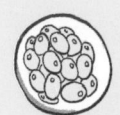

BLASTOCYST

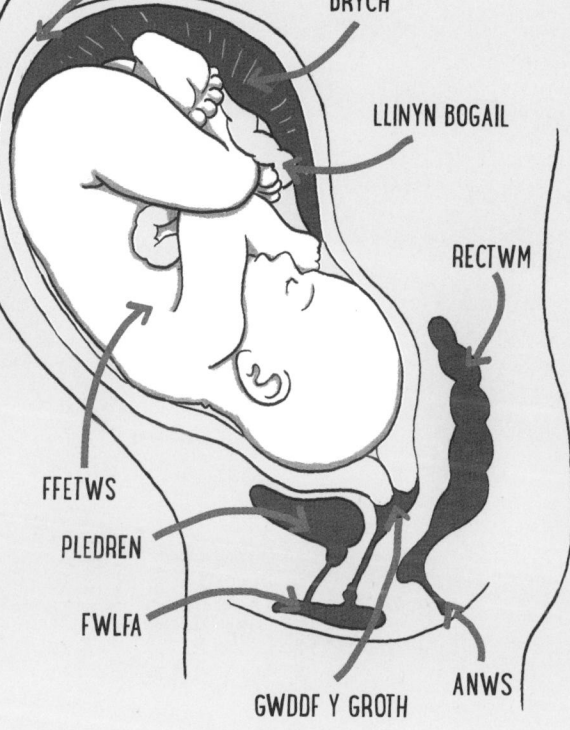

CROTH

BRYCH

LLINYN BOGAIL

RECTWM

FFETWS

PLEDREN

FWLFA

GWDDF Y GROTH

ANWS

FFETWS: 4 WYTHNOS   10 WYTHNOS   16 WYTHNOS   20 WYTHNOS

Mae'r wy yn dechrau'i daith gan adael yr ofari, a symud at y groth. Os bydd y fenyw wedi cael rhyw a bod y dyn wedi alldaflu y tu mewn i'w chorff, bydd y sberm yn cwrdd â'r wy ar y ffordd. Bydd yr wy ac un o'r sberm yn uno a thoddi i'w gilydd (ffrwythloni). Yna, bydd yr wy yn twrio a glynu at leinin y groth, sydd eisoes wedi paratoi at hyn drwy dyfu'n fwy trwchus (cofio'r darn am y mislif ym mhennod 1?). Yma bydd yn dechrau tyfu a ffurfio embryo (un o'r enwau sy'n cael ei roi ar fabi sy'n datblygu'n gynnar yn y groth). Bydd yr embryo wedyn yn datblygu a thyfu'n fabi dros gyfnod o tua naw mis, cyn iddo baratoi at gael ei eni.

Ffyrdd eraill o gael babi

Nid pob rhiant sy'n cael babi drwy gael rhyw. Weithiau bydd oedolion eisiau dechrau teulu ond yn ei chael hi'n anodd gwneud, neu'n methu. Er enghraifft, fydd cwpwl hoyw ddim yn gallu cael babi yn y ffordd arferol. Dyma rai opsiynau eraill:

IVF – Pan fydd wy gan fenyw a sberm gan ddyn yn cael eu rhoi at ei gilydd mewn labordy. Caiff yr wy (sydd wedi'i ffrwythloni) ei roi yn ôl yng nghroth y fenyw, lle bydd, gobeithio, yn glynu wrth y leinin a thyfu'n fabi.

BENTHYG CROTH (*surrogacy*) – Pan fydd rhywun yn gwirfoddoli i gael babi, ond dydyn nhw ddim yn rhan o'r cwpwl sydd eisiau teulu. Gall y person yma roi wy o'i chorff, neu gario'r wy (sydd wedi'i ffrwythloni gan y cwpwl), yn ei chorff. Bydd hyn i gyd yn digwydd drwy IVF.

MAETHU / MABWYSIADU – Bydd rhai pobl sydd eisiau cael babi neu ddechrau teulu yn penderfynu maethu neu fabwysiadu plentyn (tudalen 69).

PETHAU PWYSIG

Mae llawer o ffyrdd gall pobl sy'n golygu llawer i'w gilydd deimlo'n dda a chael rhyw. Ond mae dau beth pwysig iawn dylai oedolion cyfrifol feddwl amdanyn nhw cyn cael rhyw.

Rhyw diogel

Os bydd dyn a menyw yn cael rhyw, a bydd e'n rhoi ei bidyn y tu mewn iddi hi, yna mae posibilrwydd gallai hi feichiogi – hyd yn oed os nad ydy e'n alldaflu.

Gall defnyddio ffyrdd o **ATAL CENHEDLU** leihau'r siawns bydd hi'n mynd yn feichiog. Mae pobl yn defnyddio dulliau atal cenhedlu pan fyddan nhw'n cael rhyw i fwynhau, a phan na fyddan nhw eisiau gwneud babi.

Gall rhai dulliau atal cenhedlu dy amddiffyn di rhag heintiau (*STI*). Mae'r heintiau yma yn cael eu trosglwyddo yn ystod rhyw, neu weithgareddau rhywiol. Germau fel bacteria neu firysau ydyn nhw, a gallan nhw dy wneud di'n sâl iawn, a chreu symptomau annifyr.

Pan fydd pobl yn sôn am ryw diogel, yr hyn maen nhw'n ei olygu ydy defnyddio dull o atal cenhedlu/amddiffyniad er mwyn osgoi *STI* neu feichiogi. Mae pobl LHDT+ yn defnyddio amddiffyniad (e.e condom) yn yr un ffordd â phobl heterorywiol, ond fel arfer bydd hyn er mwyn atal *STI*.

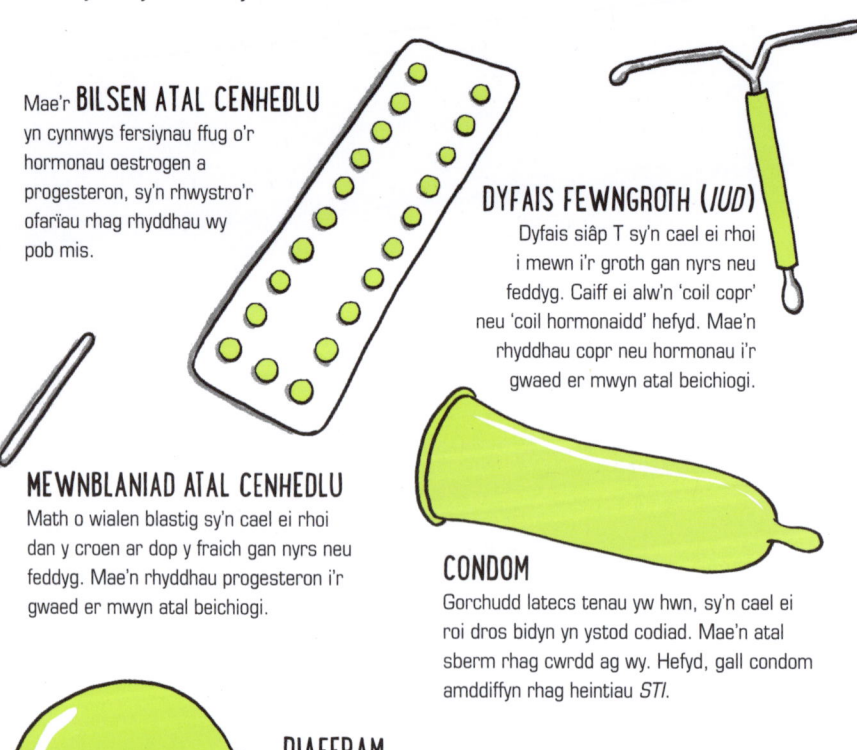

Mae'r **BILSEN ATAL CENHEDLU** yn cynnwys fersiynau ffug o'r hormonau oestrogen a progesteron, sy'n rhwystro'r ofarïau rhag rhyddhau wy pob mis.

DYFAIS FEWNGROTH (*IUD*)
Dyfais siâp T sy'n cael ei rhoi i mewn i'r groth gan nyrs neu feddyg. Caiff ei alw'n 'coil copr' neu 'coil hormonaidd' hefyd. Mae'n rhyddhau copr neu hormonau i'r gwaed er mwyn atal beichiogi.

MEWNBLANIAD ATAL CENHEDLU
Math o wialen blastig sy'n cael ei rhoi dan y croen ar dop y fraich gan nyrs neu feddyg. Mae'n rhyddhau progesteron i'r gwaed er mwyn atal beichiogi.

CONDOM
Gorchudd latecs tenau yw hwn, sy'n cael ei roi dros bidyn yn ystod codiad. Mae'n atal sberm rhag cwrdd ag wy. Hefyd, gall condom amddiffyn rhag heintiau *STI*.

DIAFFRAM
Cromen wedi'i wneud o silicon crwn, meddal a thenau yw hwn, sy'n cael ei roi yn y wain i orchuddio gwddf y groth. Mae'n atal sberm rhag mynd at y groth er mwyn ffrwythloni wy.

Cydsynio

Pan fydd dau berson yn cusanu, cwtsho neu'n cael rhyw, mae'n bwysig iawn eu bod nhw wedi cytuno i wneud hyn, a'u bod yn hapus wrth wneud. Y gair am hwn yw cydsynio. Mae gwrando a pharchu dymuniadau person arall yn rhan o fod yn oedolyn cyfrifol.

Yn dechnegol, yn y DU mae'n anghyfreithlon i bobl dan un ar bymtheg oed i gael rhyw. Y rheswm am hyn yw nad wyt ti'n gallu cydsynio i gael rhyw nes dy fod ti'n ddigon cyfrifol i ddeall beth mae e wir yn ei olygu. Mae'r gyfraith yno i dy amddiffyn di, fel na all rhywun dy orfodi i wneud rhywbeth heb dy fod ti eisiau, neu heb i ti fod yn barod.

Ddylai neb, byth, ofyn i ti wneud unrhyw beth rhywiol os nad wyt ti eisiau. Cer i siarad ag oedolyn yn syth os oes rhywun yn trio dy berswadio i wneud rhywbeth yn erbyn dy ewyllys. Os nad wyt ti'n teimlo fel galli di siarad â rhywun cyfarwydd, gall llinell gymorth fel Childline dy helpu (tudalen 154), neu ffonia'r heddlu.

Pan fyddi di'n barod

Gall rhyw fod yn brofiad hyfryd rhwng dau oedolyn sydd wedi cydsynio. Pan wyt ti'n ddigon hen ac yn hollol barod, mae'n ffordd arbennig o ddangos cariad. Ond dwi o hyd yn meddwl ei bod hi'n well paratoi a bod yn ymwybodol, cyn daw'r amser. Byddi di'n dysgu mwy wrth i ti dyfu, ond os oes gen ti gwestiynau am ryw, siarada â dy rieni neu dy athro. Yna, pan fyddi di'n barod, byddi di'n gwybod sut i gael rhyw mewn ffordd ddiogel a chyfrifol!

POBL
BRYDFERTH?

5

Hwrê! Dwi wedi llwyddo i gynnwys cân
gan Ed Sheeran hefyd! 'Beautiful People'.
Gad i fi egluro pam ...

Fel soniais i'n gynharach, mae bodau dynol angen
ymwneud â phobl eraill. Mae'n angen naturiol sy'n
gwneud yn siŵr ein bod yn byw a goroesi, wrth i
ni esblygu a datblygu dros filoedd o flynyddoedd.
Pan oedden ni'n byw mewn ogofâu, roedden ni'n arfer
swatio mewn grwpiau er mwyn cymdeithasu.
Nawr, rydyn ni'n defnyddio'r we!

Daeth pŵer y we yn amlwg yn ystod yr **ARGYFWNG CORONAFIRWS**. Yn sydyn, doedd dim modd i ni gymdeithasu wyneb yn wyneb, felly daeth y byd ar-lein yn bwysig iawn. Dwi'n siŵr ei fod yn rhan fawr o dy fywyd – mae'n rhan anferth o fy mywyd i, heb os. Yn yr amser gymerodd hi i fi ysgrifennu dechrau'r bennod hon, dwi wedi gwirio fy e-bost, ateb ambell drydariad, edrych ar Instagram ac archebu bwyd!

Mae'r we yn dal i fy syfrdanu, oherwydd dwi'n cofio sut le oedd y byd cyn iddi gyrraedd (ydw, dwi mor hen â hynny!). Nawr, alla i ddim dychmygu fy mywyd hebddi. Dwi hefyd yn euog o dreulio gormod o amser ar-lein – gall fynd â fy sylw yn hawdd (dwi newydd rhoi fy ffôn o'r golwg er mwyn i fi orffen y bennod hon heb edrych ar ragor o fideos YouTube o gŵn yn sglefrfyrddio).

Er cymaint dwi'n dwlu ar y we, mae angen i ni fod yn ofalus. Dwi bob amser yn atgoffa pobl i fod yn wyliadwrus pan fyddan nhw ar-lein, oherwydd bod sawl risg – yn enwedig i bobl ifanc. A chofia hefyd: y llun yna ar Instagram sydd wedi cael mil o *likes*? Efallai nad llun go iawn yw e! Mae'n siŵr dy fod wedi sylwi bod pobl weithiau'n edrych yn 'well' ar-lein nag ydyn nhw yn y byd go iawn. Yn aml, fersiwn ffug o fywyd wedi'i berffeithio welwn ni ar y we, nid realiti. Dydy'r rhan fwyaf o bobl ddim mor brydferth â hynny bob dydd!

Dyma pam dwi wedi enwi'r bennod hon ar ôl cân **ED SHEERAN**. Oeddet ti'n gwybod bod Ed wedi dod yn enwog oherwydd y we? Dechreuodd wrth berfformio ar sianel gerddoriaeth ar YouTube o'r enw SBTV. Mae ei gân 'Beautiful People' yn sôn am bobl sy'n dangos eu hunain, wrth edrych yn glam, gyrru ceir crand, gwisgo dillad drud a mynd i bartïon posh. Ond dydy pobl gyffredin ddim yn byw fel hyn, a dydy selebs y cyfryngau cymdeithasol ddim yn byw bywyd delfrydol bob amser chwaith. Nid bywyd go iawn sydd i'w weld ar y we nac ar y cyfryngau cymdeithasol. Mae pobl yn dewis y darnau gorau; y pethau maen nhw eisiau i bobl eraill eu gweld.

Felly yn y bennod hon byddwn ni'n trafod beth yw'r we a'r holl bethau sydd angen bod yn ofalus ohonyn nhw. Dwi ddim yn trio taflu dŵr oer dros bopeth, ond dwi eisiau i ti wneud y gorau o fod ar-lein, a bod yn ddiogel tra dy fod wrthi.

BETH YW'R WE?

Rwyt ti wedi tyfu i fyny gyda'r we, ond wyt ti erioed wedi meddwl beth yn union yw hi?

Mae'r rhyngrhwyd, neu'r 'we', yn byw ar rwydwaith o beiriannau sy'n ymestyn dros y byd o'r enw'r 'We Fyd-eang'. Mae'r holl wybodaeth sydd i'w gael ar-lein yn cael ei dal yn y peiriannau neu'r gweinyddion (*servers*) hynny. Gall unrhyw un sydd â chyfrifiadur neu ddyfais sydd wedi'i gysylltu â'r we, gael mynediad i'r rhwydwaith a gweld yr wybodaeth i gyd. Mae modd i ti yrru neu uwchlwytho gwybodaeth i'r gweinyddion hefyd, neu lawrlwytho er mwyn ei storio ar dy ddyfais dy hun.

Mae hyn wedi creu byd ar-lein anferth lle gallwn ni wneud unrhyw beth: ymchwilio ar gyfer gwaith cartref, gyrru negeseuon at ffrindiau, siopa, gwylio ein hoff raglenni teledu neu ffilmiau, gwrando ar gerddoriaeth a phostio fideo o dy fwji'n gwneud triciau! Rhaid cyfaddef, dwi braidd yn *obsessed* gyda TikTok.

Gall hefyd agor ein llygaid i'r byd o'n cwmpas. Gallwn ddod i ddeall mwy am ein diddordebau a'n breuddwydion, a dysgu mwy am bwy ydyn ni a phwy hoffen ni fod. I rai, mae'r we yn rhywle i gael cefnogaeth a help pan fyddan nhw'n teimlo'n drist neu'n unig. Wrth feddwl am y peth, mae'r we yn gallu gwella ein bywydau!

Ond mae'r we yn agored iawn. Gall gael ei defnyddio gan unrhyw un, a gall unrhyw beth gael ei roi arni. Mae gweithwyr penodol gan rai apiau neu wefannau sy'n gwirio'r cynnwys er mwyn sicrhau nad yw pobl yn postio unrhyw beth ffug, anaddas neu angharedig. Ond nid pob ap a gwefan sy'n gwneud hyn. Ac mae hyn yn golygu, fel pob arch-bŵer, gall y we gael ei defnyddio er mwyn gwneud lles – neu ddrygioni.

A beth yw'r rhan fwyaf peryglus o'r cyfan? Ie, dyna ti –
Y CYFRYNGAU CYMDEITHASOL.

CYFRYNGAU CYMDEITHASOL

Cyfryngau cymdeithasol yw unrhyw wefan neu ap sy'n gadael i ti gysylltu, siarad neu rannu pethau. Gall hynny fod yn wybodaeth am dy hoff seleb, uwchlwytho lluniau neu fideos, neu gadw mewn cysylltiad â theulu a ffrindiau.

MAE CYFRYNGAU CYMDEITHASOL YM MHOBMAN! Oeddet ti'n gwybod bod gan Instagram dros biliwn o ddefnyddwyr? Mae gan y seren deledu Kim Kardashian bron i 200 miliwn o ddilynwyr – dros ddwywaith poblogaeth y Deyrnas Unedig! Mae'n teimlo weithiau fel petai'r byd i gyd ar y cyfryngau cymdeithasol, sy'n gallu gwneud i ti deimlo'n rhwystredig os nad wyt ti'n cael eu defnyddio. Bydd llawer o wefannau'n gwrthod i bobl dan dair ar ddeg oed gael cyfrif. Ond gwna dy orau i fod yn amyneddgar; mae'r rheolau'n bodoli er mwyn dy gadw di'n ddiogel ar-lein. Pan fyddi di'n barod i gael cyfrif, cofia ofyn i riant neu ofalwr bob tro. Pan fyddi di ar-lein, mae'n syniad da cadw dy osodiadau mor breifat â phosib. A bydd yn ofalus iawn os bydd nodyn yn gofyn am daliadau, neu fanylion banc.

Hidlydd (*filter*)

Gall defnyddio hidlydd ymddangos fel peth digon

diniwed, ond gall effeithio ar ein hymennydd a'n hunanhyder yn fawr. Doedd y llun perffaith bostiodd rhywun ar eu gwyliau ddim mor berffaith â hynny go iawn. Gallai selffi newydd glam dy hoff seleb fod wedi ei olygu a'i **NEWID** er mwyn gwneud iddyn nhw edrych yn deneuach, yn fwy cyhyrog neu fod ganddyn nhw groen perffaith.

Er dy fod yn meddwl bod edrych ar luniau fel hyn yn hwyl, heb yn wybod i ti, mae dy ymennydd di'n cymharu ti dy hun a dy fywyd gyda'r hyn rwyt ti'n ei weld ar-lein. Pan fyddi di'n cystadlu yn erbyn byd sy'n llawn ffilters proffesiynol, nid ti fydd yn ennill. Fyddet ti ddim yn cymharu dy hun â dol Ken blastig, achos mae hwnnw'n amlwg yn ffug. Felly pam gwneud hyn gyda lluniau ar-lein?

Cofia hyn tro nesaf weli di bost perffaith. Nid bywyd go iawn sydd i'w weld ar gyfryngau cymdeithasol – ond fersiwn wedi'i ffiltro. Amddiffynna dy hun, dy ddelwedd corff a dy hunanhyder (pennod 1!) drwy gofio hyn, a cheisia osgoi treulio gormod o amser yn edrych ar luniau sydd wedi'u ffiltro. Atgoffa dy hun, os wyt ti byth yn meddwl **WAW, MAE HYNNYN EDRYCH YN RHY BERFFAITH I FOD YN WIR … MAEN SIŴR NAD YW EN WIR!**

Newyddion ffug

Newyddion ffug yw unrhyw adroddiad newyddion sy'n honni bod yn gywir ac yn wir, ond rhywun sydd wedi'i greu. Mae'n bla ar Twitter, Facebook ac ar wefannau cymdeithasol eraill. Fel

arfer bydd yn rhywbeth syfrdanol, neu glecs. Gan fod y we mor agored, mae modd dweud neu ysgrifennu unrhyw beth, bron – ac mae newyddion ffug wedi gallu lledaenu. Bydd celwydd yn teithio'n gyflymach na'r gwir. Mae'n gallu bod yn anodd dweud y gwahaniaeth rhwng beth sy'n wir a beth sy'n ffug, yn enwedig oherwydd ein bod ni'n tueddu i drystio gwybodaeth sy'n cryfhau beth rydyn ni'n ei gredu'n barod. Pan fyddwn ni'n rhannu hyn gyda phobl eraill, byddwn ni'n dod yn rhan o'r broblem hefyd.

Darllena dy newyddion ar wefannau dibynadwy galli di ymddiried ynddyn nhw, er mwyn osgoi cael dy dwyllo. Cyn i ti rannu unrhyw beth, gwna dy orau i ymchwilio ar-lein am adnoddau eraill sy'n cefnogi'r wybodaeth yna, neu sy'n dangos lle gallai fod yn anghywir.

Cadw rheolaeth

OEDDET TI'N GWYBOD EI BOD HI'N BOSIB MYND YN GAETH I GYFRYNGAU CYMDEITHASOL?

Mae ymchwil yn dangos ei fod yn procio'r mannau hynny yn ein hymennydd sy'n gyfrifol am 'wobrwyo'. Felly, mae eu defnyddio (a chael tipyn o *likes*) yn gwneud i ni deimlo'n dda. Gall hyn fod yn broblem i ganran fach o bobl, wrth iddyn nhw droi'n gaeth (*addicted*). Byddan nhw'n ysu am y teimlad yna o hyd; fyddan nhw ddim eisiau rhoi'r ddyfais i lawr.

Os wyt ti'n poeni am hyn, beth am ystyried:

1) Gosod amser penodol i ti fod ar gyfryngau cymdeithasol. Gall apiau fel Offtime dy helpu i reoli hyn.

2) Pan nad wyt ti'n defnyddio dy ddyfais, gwna'n siŵr dy fod yn gwneud rhywbeth sy'n dda i dy ymennydd, fel gweithgaredd corfforol neu hobi rwyt ti'n ei fwynhau. Byddi di'n llai tebygol o godi dy ddyfais os bydd dy ddwylo'n brysur!

3) Siarada ag oedolyn, a gad iddyn nhw wybod beth sy'n digwydd.

NEGESEUON

Mae anfon negeseuon yn ffordd wych o gadw cysylltiad. Galli di ddangos i dy ffrind beth rwyt ti'n ei wneud drwy yrru llun, neu ddweud wrth dy rieni ble wyt ti fel eu bod nhw'n gwybod dy fod yn ddiogel. Mae'n well gen i yrru negeseuon na threulio oesoedd ar y ffôn yn siarad â hwn a'r llall.

Ond mae ambell beth i'w gofio wrth anfon negeseuon ar-lein. Y peth pwysicaf yw, does gen ti ddim reolaeth ar beth sy'n digwydd i neges ar ôl i ti ei gyrru. Gall rhywun ei gyrru ymlaen neu ei phostio ar-lein. Felly bydd yn ofalus beth rwyt ti'n ei rannu.

Dwed wrth oedolyn yn syth os bydd rhywun yn gofyn i ti yrru negeseuon rhywiol atyn nhw, neu os ydyn nhw'n gyrru lluniau rhywiol atat ti. Mae anfon delweddau rhywiol, neu yrru negeseuon rhywiol (*sexting*) yn anghyfreithlon i unigolion dan 18 yn y DU.

Nid negesuon rhywiol yn unig sy'n gallu bod yn broblem. Os bydd rhywun yn gyrru negeseuon sy'n gwneud i ti deimlo'n drist neu'n anghyfforddus mewn unrhyw ffordd, neu os wyt ti wedi gyrru rhywbeth sy'n dy boeni di, cer i siarad â rhywun cyfrifol yn syth. Os nad wyt ti eisiau derbyn negeseuon gan berson penodol, mae'n siŵr fod gan dy ap negeseuon ffordd o'u rhwystro. Darllena drwy'r gosodiadau.

PORN AR-LEIN

Deunydd amlwg rywiol gyda'r bwriad o wneud pobl yn gynhyrfus mewn ffordd rywiol yw porn neu bornograffi. Fel arfer mae'r rhain ar ffurf fideos neu luniau. Efallai dy fod wedi gweld rhywbeth ar gyfrifiadur neu ffôn dy ffrind. Ers i'r we ymddangos, mae llawer mwy o bornograffi ar gael, ac mae'n haws nag erioed i gael gafael arno.

Oedolion sy'n edrych ar bornograffi fel arfer. Ond mae dros 50% o bobl ifanc 11–13 oed wedi gweld porn, ac mae'r rhan fwyaf ohonyn nhw'n dod ar ei draws ar ddamwain. Mae'r rhan fwyaf o'r rhain dweud nad ydyn nhw'n ei hoffi – gall gweld pethau fel hyn heb i ti fod yn barod fod yn frawychus a gallai beri gofid.

Er mwyn sicrhau dy fod yn edrych ar bethau addas at dy oedran, bydd yn ofalus iawn wrth ddewis dy eiriau wrth chwilio ar y we, rhag ofn i ti weld rhywbeth annisgwyl. Ond os wyt ti'n dod ar draws rhywbeth ar ddamwain, paid â mynd i banig. Rwyt ti heb wneud dim o'i le, a fydd Heddlu'r We ddim yn cnocio'r drws, dwi'n addo! Cau dy borwr a dechrau eto, neu bwysa'r botwm *back*, a chlicia'n ôl.

Porn neu realiti

Un o'r rhesymau pam mae gweld porn yn gallu peri gofid yw oherwydd nad yw rhyw rhwng dau berson yn edrych fel hyn, fel arfer. Os wyt ti'n teimlo'n chwilfrydig am ryw, nid gwylio porn yw'r ffordd orau i ddysgu am beth mae oedolion yn ei wneud. Mae porn yn rhywbeth dychmygol, ac ychydig dros ben llestri – mae'r synnau'n uwch, mae'r symudiadau'n acrobatig, ac mae'r iaith yn fwy cras. Caiff yr actorion eu dewis oherwydd siâp eu cyrff, a bydd rhannau eu cyrff yn fwy na'r cyffredin. Gall porn ddangos perthynas heb barch na chydsyniad, sy'n niweidiol iawn, felly dydy hi ddim yn syniad da copïo beth rwyt ti'n ei weld mewn porn.

Os gweli di rywbeth ar-lein sy'n peri gofid neu sy'n codi ofn arnat ti, cer i siarad ag oedolyn fel athro neu aelod o'r teulu am y peth.

BWLIO A DIOGELWCH AR-LEIN

Mae hi'r un mor bwysig i gadw'n ddiogel ar y we ag yw hi yn y byd go iawn. Mae hyn yn golygu bod angen cofio cyngor pwysig: **MAE BWLIO YN DIGWYDD AR-LEIN HEFYD.**

Dydy bwlio o unrhyw fath, mewn unrhyw le, ddim yn dderbyniol, gan gynnwys ar y we. Seiberfwlio yw'r gair sy'n cael ei ddefnyddio am fwlio ar-lein. Trolio sy'n cael ei ddefnyddio i ddisgrifio pan fydd yn digwydd ar gyfryngau cymdeithasol.

Na, dwi ddim yn sôn am ellyll hyll sy'n cuddio dan bont. Yn y bennod hon, mae trol yn air am berson sy'n postio pethau creulon ac ymosodol am bobl ar gyfryngau cymdeithasol. Trwy guddio y tu ôl i sgrin, bydd pobl yn dweud pethau mwy digywilydd a chreulon na fydden nhw yn y

byd go iawn. Mae hynny'n wir amdanat ti hefyd. Gall trolio gael rhywun i drwbwl mawr gyda'r heddlu – felly paid â'i wneud!

Cyn i ti roi ymateb i rywbeth mae rhywun wedi'i bostio ar-lein, gofyn y pethau yma i dy hun:

1) Ydy'r peth dwi am ddweud yn berthnasol?
2) Ydy e'n angenrheidiol?
3) Ydy e'n ddefnyddiol?
4) Ydy e'n hwyl?
5) Ydy e'n garedig?

Os mai 'Na' yw'r ateb, yna pwylla ac ailfeddwl cyn ymateb.

>> SUT I DRECHU'R SEIBERBWLIS

- Cama oddi wrth dy ddyfais, neu ro'r peth i lawr. Nid dy fyd cyfan yw'r byd ar-lein. Mae gen ti gymaint mwy!
- Newidia'r gosodiadau preifatrwydd. Efallai fod modd gwneud dy broffeil yn fwy preifat fel mai dim ond dy deulu a ffrindiau sy'n gallu ei weld.
- Os bydd rhywun yn ymosod arnat ti ar-lein, ceisia eu blocio neu eu tawelu (*mute*). Os byddan nhw'n dweud rhywbeth difrifol, gwna'n siŵr dy fod yn cofnodi hyn yn swyddogol gan ddefnyddio'r dull adrodd 'nôl ar yr ap.
- Os na fydd hyn yn helpu, galli di ddileu dy broffeil neu gyfrif ar-lein. Galli di wastad greu un newydd.
- Os wyt ti'n poeni neu'n ypset ar unrhyw adeg, gwna'n siŵr dy fod yn siarad ag oedolyn am y peth. Paid â chadw'r cyfan i dy hun.

Gwarchod dy hun ar-lein

Mae angen bod yn ofalus am sawl peth arall, nid dim ond trols. Cofia nad yw pob person rwyt ti'n siarad â nhw ar y we yn onest, a gallan nhw ymddangos yn wahanol iawn ar-lein i bwy, neu beth ydyn nhw go iawn. Wyt ti wedi clywed y term *catfishing*? Dyma sy'n digwydd pan fydd rhywun yn twyllo person arall er mwyn bod yn ffrind neu'n gariad iddyn nhw, drwy greu proffeil ffug ac esgus bod yn rhywun gwahanol. Efallai dy fod wedi clywed am *grooming* hefyd. Dyma sy'n digwydd wrth i oedolyn drio dylanwadu ar blentyn yn fwriadol ar-lein, er mwyn gwneud rhywbeth rhywiol gyda nhw. Mae hyn yn anghyfreithlon a dylai'r heddlu gael gwybod mor fuan â phosib.

Dyma pam mae'n rhaid i ti fod yn glyfar ar-lein. Bydd yn ofalus gyda phwy rwyt ti'n siarad, a phaid rhannu unrhyw wybodaeth bersonol gydag unrhyw un heblaw dy fod yn gwybod eu bod nhw'n ddibynadwy. Hefyd, paid â rhoi manylion personol ar unrhyw wefannau, gan gynnwys dy gyfeiriad a rhif ffôn. Rhannais i fy nghyfeiriad e-bost ar YouTube unwaith mewn camgymeriad … byth eto!

6

Eisiau teimlo'n dda mewn 3 munud? Gwranda ar fy hoff gân gan yr anhygoel Lizzo, 'Good as Hell'. Weithiau, pan fydda'in cerdded i lawr y stryd, a'r gân hon yn fy nghlustffonau, alla i ddim peidio teimlo fel brenin (neu frenhines) y byd! Felly, beth am i ni wneud i ti deimlo'n wych hefyd!

Yn y bennod hon, byddwn ni'n trafod sut gallwn ni fyw'r bywyd gorau posibl, gan ddechrau o'r tu mewn i ni. O'r eiliad byddi di'n agor dy lygaid yn y bore, i'r foment bydd dy ben yn cyffwrdd â'r gobennydd gyda'r nos, mae yna bethau galli di eu gwneud er mwyn gwneud y gorau o bob dydd.

Wrth gwrs, fydd pob diwrnod ddim yn wych. Byddi di'n teimlo'n ddiflas weithiau. Dyna sut mae bywyd i bawb ar adegau. Ond hyd yn oed ar y dyddiau mwyaf tywyll, bydd rhywbeth galli di ei wneud er mwyn gwneud pethau'n haws, a goleuo dy fyd.

Wnawn ni ddechrau gyda sut bydd diwrnod y rhan fwyaf ohonon ni'n dechrau: bwyd!

BWYTA'N IACH

Dwi wrth fy modd â bwyd, ac mae gen i **DDANT MELYS!** Dwi'n dwlu ar bwdin! Ond gan mai meddyg ydw i, dwi'n gwybod dylwn i geisio cadw fy neiet mor gytbwys â phosib.

Mae deiet cytbwys yn golygu rhoi beth sydd ei angen ar y corff, nid dim ond beth mae e eisiau. Bydd deiet cytbwys yn cynnwys yr holl gynhwysion sydd eu hangen ar ein corff er mwyn gwneud y pethau pwysig i gyd, a bod mor iach â phosib. Fel bydd angen tanwydd ar geir, bydd angen bwyd ar y corff, i roi egni a maetholion i'n galluogi ni i wneud pob peth – gan gynnwys tyfu!

Mae'r canllaw **BWYTA'N DDA** yn esiampl dda o sut ddylai deiet cytbwys edrych. Cafodd ei ddatblygu gan arbenigwyr mewn maetheg ar gyfer y DU, ar ôl iddyn nhw edrych ar yr holl dystiolaeth wyddonol. Mae'n siart ddefnyddiol sy'n dangos y mathau o fwydydd dylen ni fod yn eu bwyta, a faint. Mae llwyth o fwyd bendigedig yno – cymer olwg:

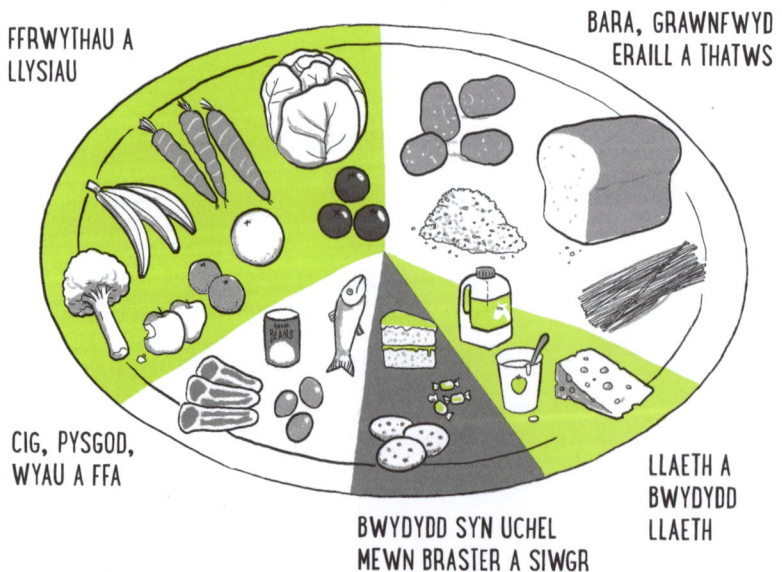

FFRWYTHAU A LLYSIAU

BARA, GRAWNFWYD ERAILL A THATWS

CIG, PYSGOD, WYAU A FFA

LLAETH A BWYDYDD LLAETH

BWYDYDD SYN UCHEL MEWN BRASTER A SIWGR

Mae pob math o fwyd yn cynnwys maetholion sydd eu hangen ar y corff er mwyn gallu gwneud pethau arbennig. Er enghraifft:

PROTEIN – Dyma sylfaen (neu flociau adeiladu) holl gelloedd y corff. Mae'n bwysig iawn pan fyddwn ni'n creu celloedd newydd wrth dyfu. Gallwn gael protein wrth fwyta cig, pysgod ac wyau, neu ei gael wrth fwyta cnau, bara, tofu neu gorbys os wyt ti'n llysieuwr neu'n fegan.

CARBOHYDRAD – Dyma brif ffynhonnell ein hegni. Gall carbohydradau gael eu rhannu'n ddau brif fath: syml (e.e. bwydydd melys, llawn siwgr fel cacennau, bisgedi a siocled) a chymhleth (e.e. uwd, reis brown, pys a thatws). Ceisia fwyta llai o'r carbohydradau syml a mwy o'r rhai cymhleth – byddan nhw'n cynnal dy egni di am amser hirach.

BRASTER – Mae gan hwn rôl bwysig iawn oherwydd ei fod yn gyfrifol am storio egni yn y corff, ac yn ffurfio rhan o'n celloedd. Mae rhai ffynonellau braster yn dda am eu bod nhw'n ein helpu i gadw'n iach (e.e. olew olewydd, afocado, cnau a physgod olewog), ond dydy eraill ddim cystal (e.e. *pastries* a bwydydd wedi'u ffrio). Gall bwyta gormod o fraster nad yw'n iach fod yn ddrwg yn yr hirdymor.

FITAMINAU A MINERALAU – Bydd rhain yn helpu'r corff i weithio'n well mewn sawl ffordd wahanol. Er enghraifft, mae haearn yn bwysig i'r gwaed, ac mae angen calsiwm ar ein hesgyrn. Bydd Fitamin D yn helpu i gadw'r esgyrn yn gryf, ac mae Fitamin C yn dda er mwyn cadw'r croen yn iach, a'r system imiwnedd yn gryf. Mae bwyta ffrwythau a llysiau, a grawnfwydydd a llaeth hefyd, yn ffyrdd gwych o gael fitaminau a mineralau.

DŴR – Mae dros dri chwarter y corff yn ddŵr, felly mae'n bwysig iawn ein bod yn cael digon ohono. Drwy yfed digon o ddŵr gallwn helpu holl brosesau'r corff i weithio'n ddidrafferth, a helpu'r ymennydd i weithio'n well hefyd.

Pam mae bwyd yn bwysig?

Mae hynny'n swnio fel mai dim ond er mwyn cael maeth byddwn ni'n bwyta. Yn amlwg, dydy hynny ddim yn wir. Eistedd i fwyta dy hoff fwydydd, gyda dy hoff bobl, yw un o'r ffyrdd gorau o ymlacio a mwynhau. Ond does dim dwywaith fod ein deiet yn cael effaith ar ein hiechyd hefyd.

Mae dros draean o bobl ifanc deg neu un ar ddeg oed yn pwyso gormod neu'n ordew. Mae hyn yn golygu eu bod nhw'n drymach nag y dylen nhw fod. Gallai hyn eu gwneud nhw'n fwy tebygol o ddatblygu cyflyrau iechyd yn yr hirdymor, fel clefyd y galon neu ddiabetes math 2. Gall hefyd effeithio ar y ffordd maen nhw'n teimlo amdanyn nhw eu hunain.

Mae ein deiet, sut rydyn ni'n teimlo, a'n delwedd corff (roedd sôn am hyn ym mhennod un), ynghlwm â'i gilydd. Yn hytrach na rhoi sylw i'n pwysau neu'n maint yn unig, dylem ganolbwyntio ar fod yn iach, sut bynnag rydyn ni'n edrych. Gall bod yn ordew achosi problemau, ond gall bod tan bwysau wneud hynny hefyd.

Dyna pam dwi ddim yn dilyn dylanwadwyr ffitrwydd ar gyfryngau cymdeithasol. Does gen i ddim yr amser i dreulio fy mywyd yn ymarfer er mwyn edrych fel nhw – a beth bynnag, **DOES DIM FFORDD YN Y BYD GALLA I FYW AR GYW IÂR A BROCOLI!** Dwi'n dwlu ar deisennau hefyd. Felly dydy edrych ar eu abs anhygoel, a'u coesau cyhyrog ddim yn fy helpu o gwbl. Mae'n gwneud i fi deimlo fel nad ydw i'n ddigon da.

Efallai fod hyn hefyd oherwydd fy mod i wedi cael perthynas anodd gyda bwyd a fy mhwysau. Pan oeddwn i'n blentyn, byddwn i'n bwyta llawer o bethau fel creision, siocled ayb. Felly, roeddwn i'n drymach nag y dyliwn fod, ac effeithiodd hyn ar fy hyder. Doeddwn i ddim yn hoffi fy nghoesau ac yn casáu gwisgo siorts. Fel oedolyn, dwi wastad wedi bod yn ymwybodol o beth dwi'n ei fwyta oherwydd fy niffyg hyder, a dwi hefyd yn gwybod beth mae'n ei olygu i fy iechyd. Gall fod yn frwydr weithiau.

Ond dwi'n gwneud yn siŵr fy mod i'n cofio bod bwyta yn hanfodol er mwyn byw, a ddylai e ddim cael ei ystyried fel peth drwg.

Os wyt ti dros dy bwysau, ac wedi cael dy gynghori i geisio cyrraedd pwysau iachach, meddylia am ffyrdd y gallet ti wneud newidiadau defnyddiol i beth rwyt ti'n ei wneud a'i fwyta. Paid â cholli cwsg am y peth, a phaid â gadael i unrhyw un wneud i ti deimlo'n wael. Dydy dy hapusrwydd ddim yn dibynnu ar dy bwysau. Byddi di'n darganfod beth sy'n gweithio i ti yn dy amser dy hun.

Mae rhai pobl yn meddwl am eu deiet o hyd. Gall hyn fynd yn rhy bell. Gallan nhw fynd yn *obsessed* am peth, yn enwedig

wrth geisio rheoli beth maen nhw'n ei fwyta, neu wneud llawer
o ymafer corff oherwydd eu bod nhw'n teimlo'n euog amdano.
Gall hyn fod yn arwydd o **ANHWYLDER BWYTA**. Os wyt ti'n poeni
o hyd am beth rwyt ti'n ei fwyta, yn osgoi llawer o fwydydd
neu'n meddwl am gael gwared ar y bwyd sydd o dy flaen,
gwna'n siŵr dy fod yn siarad ag oedolyn. Efallai bydd angen i ti
weld rhywun a chael help.

Yn yr un modd, os wyt ti'n ystyried colli pwysau, siarada ag
oedolyn yn gyntaf – rhiant efallai, rhywun yn yr ysgol neu
berson iechyd proffesiynol.

SYMUD DY GORFF

Mae pawb yn sôn o hyd am
bwysigrwydd **YMARFER CORFF**. Efallai
dy fod wedi cael hen ddigon ar glywed
am y peth. Ond wyt ti'n gwybod pam
mae e mor bwysig i ni?

Mae'n wych oherwydd ei fod yn:
1) Cadw'r corff a'r galon yn heini
ac iach.
2) Cadw'r cymalau'n symudol.

3) Lleihau'r risg o broblemau iechyd hirdymor fel cancr, clefyd y galon a diabetes math 2.
4) Gwella ein hiechyd meddwl ac yn ein helpu i deimlo'n dda.
5) Gwella ein cwsg.

Wir i ti, gwneud ychydig o ymarfer corff yw'r ffordd gyflymaf o godi dy galon, a bydd yn dy helpu i gysgu'n sownd ar ddiwedd y dydd – dim mwy o droi a throsi!

Yn y DU mae'r GIG yn cynghori pobl ifanc rhwng pump a deunaw oed i wneud amrywiaeth o weithgareddau er mwyn codi curiad y galon, ac er mwyn cryfhau'r cyhyrau a'r esgyrn.

Y cyngor diweddaraf yw i anelu at wneud o leiaf chwe deg munud o ymarfer corff aerobig pob dydd. Awr bob dydd?! Efallai fod hyn yn swnio'n dipyn, ond mae'r holl bethau yma yn cyfri, a dwi'n siŵr dy fod yn gwneud ambell un o'r rhain yn barod:
- Cerdded i'r ysgol neu fynd â'r ci am dro
- Chwarae gemau corfforol amser egwyl
- Seiclo
- Sglefrfyrddio
- Reidio sgwter.

Rhai pethau sy'n gallu helpu i gryfhau dy gyhyrau ac esgyrn:
- Cymryd rhan mewn chwaraeon
- Rhedeg
- Dawnsio

- Gymnasteg
- Nofio
- Crefft ymladd (*martial arts*).

Yn fy ysgol i, roedd rhaid i ni chwarae rygbi
– wel, doedd hynny ddim i fi. Roeddwn i
a bachgen arall (oedd mor fawr â **CHAWR**)
yn rhannu'r un enw, a doedd hyn ddim yn help gan
mai fi oedd y person byrraf yn y dosbarth. Byddai'r
athrawon yn drysu rhyngon ni, a byddwn ni'n chwarae
ar dîm B yn hytrach na thîm D! Wel, y cyfan dwi am
ddweud yw bod yn gas gen i gael fy nefnyddio fel pêl rygbi!
Ond roeddwn i wrth fy modd â badminton. Felly paid â throi dy
gefn ar chwaraeon eto – efallai nad wyt ti wedi dod o hyd i'r un
iawn i ti.

Does dim byd yn bod ar fynd i'r gampfa os mai dyna sy'n
well gen ti. Ond mae gan ambell gampfa gyfyngiadau oedran.
Byddai'n syniad da i fynd gydag oedolyn fel gallan
nhw gadw llygad ar beth rwyt ti'n ei wneud, a
sicrhau nad wyt ti'n gwthio dy hun yn ormodol a
chael anaf. Gall gymryd amser i ddysgu sut i
ddefnyddio offer yn gywir ac yn ddiogel.

Mae pobl ifanc bob amser eisiau codi pwysau
er mwyn cryfhau eu cyhyrau. Ond dydy hi
ddim yn syniad da i godi pwysau pan mae dy
gorff di'n dal i dyfu, oherwydd bod dy gyhyrau'n ffurfio
ac rwyt ti'n fwy tebygol o gael anaf. Nes dy fod yn hŷn

– tua un ar bymtheg oed – mae'n well i ti wneud amrywiaeth o bethau eraill rwyt ti'n eu hoffi. Rho gynnig ar y felin draed (*treadmill*), yr hyfforddwr traws (*cross trainer*), peiriant rhwyfo neu'r beic.

Does dim angen i ti wario arian na mynd i'r gampfa er mwyn cadw'n heini ac iach. Mae grwpiau a gweithgareddau yn dy ysgol neu'r gymuned y gallet ti ymuno â nhw am ddim, neu am bris rhesymol.

Rhaid i fi gyfaddef, dwi ddim wir yn mwynhau mynd i'r gampfa. Dwi'n ei weld yn **DDIFLAS!** Rhwng hynny, a fy mhrofiad rygbi yn yr ysgol, fyddi di ddim yn synnu i glywed bod meddwl am wneud ymarfer corff wedi bod yn dipyn o her – doeddwn i ddim yn ei fwynhau, ond roeddwn i'n gwybod bod rhaid i fi wneud. Yna, sylweddolais i fy mod i'n hoffi dawnsio. Dwi'n mynd i ddosbarthiadau Zumba, a dwi hyd yn oed wedi dechrau bhangra. Dwi'n fwy heini o lawer nawr, ac oherwydd fy mod i'n mwynhau, dydy e ddim yn teimlo fel ymarfer corff. Mae rhai pobl yn hoffi pêl-droed, pêl-fasged neu nofio, ac mae'n fonws eu bod nhw hefyd yn cadw'n heini wrth wneud!

Y peth pwysig yw trio dod o hyd i weithgaredd rwyt ti'n ei fwynhau. Byddi di'n llawer mwy tebygol o ddal ati!

MEDDWL CLIR

Yr Ymennydd

Pan fyddi di'n mynd i'r ysgol ac yn derbyn llwyth o wybodaeth bob dydd, gofalu am dy ymennydd yw un o'r ffyrdd gorau o wneud i ti deimlo'n well. Wedi'r cyfan, gall yr ysgol fod yn anodd, yn enwedig os oes arholiadau neu brofion. Dyna pryd bydd angen i ti allu dysgu a gwneud dy orau.

Mae'n teimlo fel taswn i wedi sefyll cannoedd o arholiadau yn fy mywyd: yn yr ysgol, y brifysgol a hyd yn oed ers dod yn feddyg. Dwi wedi dysgu ambell dric allai fod o help i gadw dy ymennydd yn **TIP-TOP**:

1) Ceisia gael digon o gwsg: pan fyddi di'n cysgu, bydd dy ymennydd yn prosesu gwybodaeth ac yn storio beth sydd angen i ti gofio. Er mwyn dysgu'n effeithiol, mae sicrhau dy fod yn cael digon o gwsg mor bwysig. Dyma fy nghyngor pwysicaf oll.

2) Bwyda dy ymennydd: gwna'n siŵr fod gan dy ymennydd ddigon o danwydd i wneud yr holl bethau angenrheidiol. Ceisia fwyta'n iach – digonedd o lysiau a ffrwythau o liwiau gwahanol (bydd hyn yn rhoi cymysgedd dda o fitaminau a maetholion i ti), ac yfa ddigon o ddŵr.

3) Cynllunia: Pan ddaw hi'n amser i adolygu, beth am wneud amserlen er mwyn trefnu beth wyt ti'n mynd i wneud a phryd. Mae'n well gan rai adolygu yn y bore, neu os wyt ti fel fi, byddi di'n ffafrio'r nos, fel gwdihŵ!

4) Cymer hoe: Mae'n bwysig cael seibiant wrth adolygu (tua 15 munud am bob awr o adolygu, neu beth bynnag sy'n dy siwtio di). Mae'n well gan rai adolygu mewn sesiynau byr a chael sawl hoe, ac mae eraill yn hoffi sesiynau hirach. Mae hoe yn rhoi cyfle i'r ymennydd orffwys am ychydig – byddi di'n llai tebygol o golli canolbwyntiad a galli di dderbyn mwy o wybodaeth yn y pen draw.

5) Cadwa draw oddi wrth symbylyddion (*stimulants*): Er mwyn aros ar ddi-hun neu eu helpu i ddysgu, bydd rhai pobl yn cael eu temtio i yfed diodydd llawn caffein fel coffi a the, neu hyd yn oed gymryd meddyginiaethau arbennig. Mae'r rhain yn syniad

drwg (bydd cael seibiant a chysgu yn helpu'r ymennydd i weithio'n well), ond gall eu hyfed wneud pethau'n waeth os cân nhw eu defnyddio yn y ffordd anghywir. Cadwa draw oddi wrthyn nhw, heblaw bod dy feddyg wedi dweud fel arall.

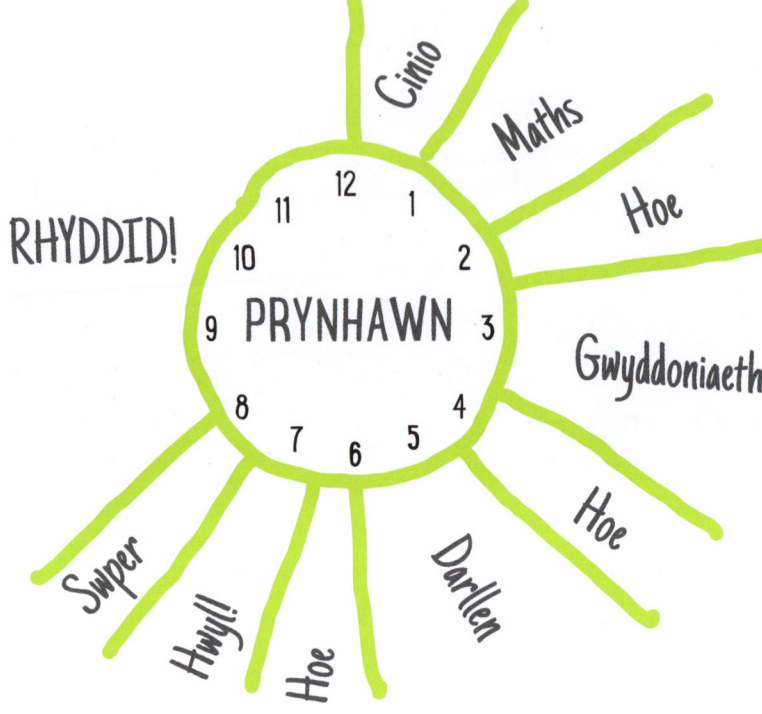

Os yw adolygu'n teimlo'n anodd, beth am siarad ag athro i weld a all dy helpu? Neu, trefna glwb astudio neu waith cartref gyda dy ffrindiau. Does dim o'i le ar ofyn am gyngor a help ychwanegol – gallai hyn wneud gwahaniaeth i dy waith a dy raddau, a hefyd gallai dynnu'r pwysau oddi arnat ti.

Pam mae iechyd meddwl mor bwysig?

Ym mhennod dau, trafodon ni IECHYD MEDDWL. Mae cael meddwl iach yn golygu gallwn ni fyw o ddydd i ddydd ac ymdopi â straen. Gall iechyd meddwl da hefyd ein helpu i gael perthynas dda gyda theulu a ffrindiau, a pherfformio'n well yn yr ysgol.

Os wyt ti'n teimlo nad wyt ti'n mwynhau bywyd, mae'n hanfodol dy fod yn cael yr help sydd ei angen arnat. Mae sawl rheswm pam gallai rhywun gael trafferth â'i iechyd meddwl.

Caiff rhai pobl eu geni gyda siawns uwch o gael anawsterau. Does dim llawer galli di wneud am hyn, ond mae bod yn ymwybodol ohono'n rhoi'r pŵer i ti allu helpu dy hun, drwy greu arferion da. Gall hefyd ddigwydd mewn ymateb i rywbeth sy'n mynd ymlaen yn dy fywyd ar y pryd, fel problemau gartref, ysgol, bwlio, straen, neu golli rywun agos. Mae pobl sy'n dioddef o broblemau corfforol hirdymor yn gallu profi problemau iechyd meddwl hefyd.

MAE PAWB YN PROFI IECHYD MEDDWL MEWN FFYRDD GWAHANOL, AC MAE EU GALLU I YMDOPI'N WAHANOL HEFYD.

Dyma syniadau syml er mwyn hybu dy les meddyliol:
- Ceisia fwyta mor iach â phosib – bydd deiet cytbwys hefyd yn help i ti deimlo'n dda.
- Gwna ychydig o ymarfer corff – beth bynnag sy'n addas i ti. Mae'n rhyddhau hormonau o'r enw endorffins sy'n gwneud i

ni deimlo'n dda.

- Canolbwyntia ar
  gysgu – mae cwsg
  da yn ein helpu i
  ymdopi â straen.
- Cer allan – mae
  mynd allan a
  symud yn dda i dy
  gorff, ac i dy feddwl! Ceisia fynd allan
  yn yr awyr iach gymaint â phosib – cer am
  dro, i redeg neu i wneud chwaraeon.
- Bydd yn gymdeithasol – mae bod yn gymdeithasol yn
  codi ein hwyliau. Cysyllta â ffrind i weld sut maen nhw.
  Pa ffilm welson nhw neithiwr? Ar ba gerddoriaeth maen
  nhw'n gwrando? Mae hyd yn oed mân sgwrsio fel hyn yn
  dda i'r ymennydd.
- Gwna bethau sy'n gwneud i ti deimlo'n dda – gwylio ffilm,
  bod gyda ffrindiau, neu weld Mam-gu a Dad-cu. Nid
  adolygu yw popeth! Beth wyt ti'n hoffi ei wneud?
- Siarada â rhywun – os wyt ti'n cael trafferthion, gallai
  siarad â rhywun am dy deimladau fod yn help mawr.
  Sgwrsia ag oedolyn rwyt ti'n ymddiried ynddo.
- Cadwa ddyddiadur – os wyt ti'n ei chael hi'n anodd
  siarad, mae ysgrifennu dy deimladau'n ffordd arall o
  fynegi dy hun, hyd nes dy fod yn teimlo'n ddigon dewr
  i drafod.
- Rho gynnig ar ymwybyddiaeth ofalgar (*mindfulness*).

Beth yw ymwybyddiaeth ofalgar?

Math o fyfyrdod (*meditation*) yw ymwybyddiaeth ofalgar. Yn fras, mae'n golygu canolbwyntio'r meddwl ar beth rwyt ti'n ei deimlo a'i brofi'r funud hon. Dwi'n gweld bod hyn yn fy nhawelu pan fydda i dan straen, ac yn fy stopio i rhag meddwl am beth ddigwyddodd yn gynharach, neu beth allai ddigwydd fory.

RHO GYNNIG AR YR YMARFER SYML YMA:

1) Eistedda yn rhywle cyfforddus a chau dy lygaid.
2) Ceisia glirio popeth o dy feddwl a chanolbwyntia ar dy anadlu. Dychmyga dy fod yn gwylio dy feddyliau'n pasio heibio fel cymylau.
3) Nawr, dychmyga'r aer yn dod i mewn trwy dy drwyn, yn llenwi dy ysgyfaint, ac yna'n mynd allan drwy dy geg.

Anadla ar gyflymdra sy'n gyfforddus i ti. Mae rhai pobl yn hoffi meddwl am eu hanadl fel lliw gwahanol wrth fynd i mewn ac allan. Rho dy sylw ar yr anadl.

4) Gwna hyn am rai munudau. Os bydd dy feddwl yn crwydro, arwain e'n ôl at feddwl am dy anadl unwaith eto.

Mae ymarferion ymwybyddiaeth ofalgar eraill gallet ti eu trio hefyd. Os byddi di'n parhau i ymarfer, bydd yn teimlo'n haws bob tro. Ar ôl ychydig, efallai gweli di dy fod yn well am ganolbwyntio ar bethau, ac am wrando hefyd. Mae dy feddwl yn arafu a does gen ti ddim cymaint o feddyliau'n gwibio. Fydd hyn ddim yn gweithio i bawb, nac yn helpu pob un, cofia, felly gofynna am help os yw pethau'n dal i deimlo'n anodd.

Dwi'n teimlo mor bryderus weithiau – beth alla i ei wneud?

Mae gorbryder yn broblem fawr i lawer iawn o bobl ifanc – a phobl hŷn. Pan ddechreuodd y coronafirws ledaenu ar draws y byd, roedd rhaid i'r rhan fwyaf ohonon ni aros gartref. Yn ystod y cyfnod hwn, dechreuodd rhai pobl brofi a theimlo gorbryder am y tro cyntaf, neu aeth y broblem yn waeth. Dwi'n meddwl mai dyma pryd gwnaeth pobl ddechrau rhoi mwy o sylw iddo.

Dwi'n dioddef o orbryder weithiau a dwi wedi gorfod dysgu sut i'w gadw dan reolaeth. Os wyt ti'n teimlo'r gorbryder yn dod, gallai ymwybyddiaeth ofalgar helpu. Trafodon ni sut i ddelio â phryder ym mhennod 2 hefyd.

Ond weithiau gall gorbryder fod mor wael nes dy fod yn cael PWL O BANIG, fel petai dy feddwl a dy gorff yn colli'u limpin yn llwyr. Efallai byddi di'n teimlo fel chwydu, neu'n bryderus. Bydd dy galon yn curo'n gyflymach ac yn drymach. Gallet ti gael pen tost neu fola tost. Gallan nhw wneud i ti deimlo'n sâl iawn, ond byddan nhw'n setlo ac yn pasio – dydyn nhw ddim yn para am byth.

Fel arfer, meddyg neu nyrs fydd yn dweud os mai pwl o banig sy'n digwydd i ti, felly paid â chymryd yn ganiataol mai dyma sy'n bod. Os bydd hyn yn digwydd am y tro cyntaf, cer i wirio hyn gyda'r meddyg.

Os wyt ti'n cael pyliau o banig, neu'n teimlo'n orbryderus iawn, beth am roi cynnig ar wreiddio (*grounding*)?

1) Ffeindia rywle tawel ac eistedda ar y llawr.
2) Atgoffa dy hun bydd y ffordd rwyt ti'n teimlo yn pasio, byddi di'n teimlo'n well yn fuan.
3) Edrycha o dy gwmpas ac enwa bump o bethau galli di eu gweld.
4) Yna enwa bedwar peth galli di eu clywed o dy gwmpas.
5) Yna, meddylia am dri pheth galli di gyffwrdd â nhw.
6) Yna, ceisia adnabod dau beth galli di eu harogli.
7) Yn olaf, enwa un peth galli di ei flasu.

Gobeithio byddi di'n teimlo'n dawelach dy feddwl erbyn diwedd hyn.

Gofalu am bobl eraill

Yn yr un modd ag y byddwn yn gofalu amdanon ni'n hunain a'n hiechyd meddwl, mae'n beth da gofalu am bobl eraill hefyd.

Os wyt ti'n poeni am ffrind neu aelod o'r teulu ac yn meddwl eu bod nhw'n cael amser anodd, ceisia helpu os wyt ti'n gallu. Mae llawer o bobl yn poeni am sut i wneud hyn, ond fy nghyngor i yw:

1) Gofynna iddyn nhw a ydyn nhw'n IAWN.

2) Gad iddyn nhw siarad, a gwranda arnyn nhw. Efallai na fyddan nhw eisiau sôn am rywbeth difrifol yn syth, ond gad iddyn nhw wybod dy fod yna i wrando, neu dy fod yn barod i chwilio am rywun arall, pe bai'n well ganddyn nhw.

3) Bydd yn garedig a rho help llaw. Gallet ti eu gwahodd i gymryd rhan mewn gweithgaredd, neu eu helpu i adolygu ar gyfer prawf.

4) Siarada ag oedolyn os wyt ti'n poeni'n fawr am rywun. Mae hi bob amser yn well cael caniatâd y person cyn gwneud hynny, os yn bosib.

Gallai unrhyw un, ar unrhyw adeg, fod mewn sefyllfa lle mae angen angen help a chlust i wrando. Cadwa lygad ar eraill, yn union fel byddet ti eisiau iddyn nhw wneud i ti.

PAID AG ANGHOFIO'R PETHAU BACH 'MA.

Llygaid llawen

Mae dy lygaid yn ddarnau bach anhygoel o'r corff. Oeddet ti'n gwybod nad ydyn nhw'n tyfu wrth i ti dyfu? Byddan nhw'n aros tua'r un maint o dy enedigaeth tan i ti fod yn oedolyn.

Rhai o gyhyrau cyflymaf y corff yw'r rhai sy'n symud dy lygaid, ac mae'n nhw'n gallu gweld tua miliwn o liwiau gwahanol. Maen nhw'n llawn haeddu cael y gofal gorau! Gall gofalu am dy lygaid dy helpu i wneud yn well yn yr ysgol, oherwydd bod GWELD YN BWYSIG WRTH DDYSGU!

Rhai syniadau er mwyn cadw llygaid llawen:

1) Os wyt ti'n darllen, gwna'n siŵr bod y stafell yn ddigon golau fel nad oes straen ar dy lygaid.

2) Ceisia beidio syllu ar un peth am gyfnod hir (fel sgrin). Bydd angen sawl hoe reolaidd ar dy lygaid.

3) Gwisga sbectol haul i amddiffyn dy lygaid wrth fynd allan mewn tywydd heulog, llachar.

4) Cer am brawf gydag optegydd yn rheolaidd. Os oes gen ti sbectol, gwna'n siŵr dy fod yn ei gwisgo!

Dannedd difyr

Mae dy wên yn bwysig, felly paid
anghofio brwsio dy ddannedd! Mae'n
swnio'n amlwg, ond synnet ti faint
o bobl sy'n gorfod cael eu dannedd
wedi'u tynnu am iddyn nhw beidio
gofalu amdanyn nhw.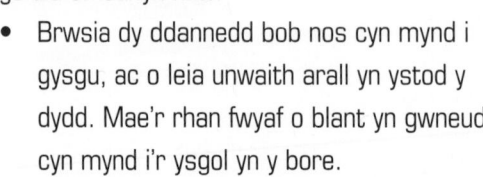

- Brwsia dy ddannedd bob nos cyn mynd i
  gysgu, ac o leia unwaith arall yn ystod y
  dydd. Mae'r rhan fwyaf o blant yn gwneud
  cyn mynd i'r ysgol yn y bore.
- Gwna dy orau i gyrraedd pob dant a brwsia drostyn nhw i
  gyd bob tro.
- Brwsia am ddwy funud, o leiaf.
- Defnyddia frwsh sy'n addas i faint dy geg. Bydd brwsh sy'n
  rhy fawr yn dy rwystro rhag cyrraedd y mannau mwyaf cul.
- Defnyddia bast dannedd sy'n cynnwys fflworid. Bydd hyn yn
  help i gadw dy ddannedd yn gryf. Chwistrella faint sy'n cael
  ei argymell ar y tiwb.
- Poera'r past ar ôl ar ôl brwsio, ond paid â golchi dy
  geg. Bydd y past sydd ar ôl ar dy ddannedd yn helpu i'w
  hamddiffyn pan fyddi di'n cysgu.

Cofia ymweld â'r deintydd yn rheolaidd. Gallan nhw weld a yw
dy ddannedd yn iawn a rhoi cyngor ar sut i ofalu amdanyn nhw.
(Pwynt amlwg: bydd osgoi bwyta ac yfed pethau melys a llawn
siwgr yn help i gadw dy ddannedd yn lân ac iach.)

Os wyt ti'n gwisgo fframiau dannedd (*braces*) bydd angen sylw arbennig arnyn nhw. Mae'n bwysig iawn gwrando ar dy ddeintydd. Yn ffodus, hyd yn oed os wyt ti'n eu casáu nhw, fyddan nhw ddim yna am byth, a meddylia pa mor ffantastig bydd dy ddannedd di'n edrych ar ôl eu tynnu.

CYSGU'N DRWM

Un o'r pethau pwysicaf gall y corff a'r ymennydd ei wneud yw cysgu. Ond rydyn ni'n anghofio pa mor hanfodol yw cwsg, ac yn aml, fyddwn ni'n cael llai ohono nag y dylen ni. Sawl gwaith wyt ti wedi aros fyny'n hwyr, a difaru'r bore wedyn?

Ystyria cwsg fel bwyd i'r ymennydd. Mae cael digon o gwsg yn bwysig oherwydd:

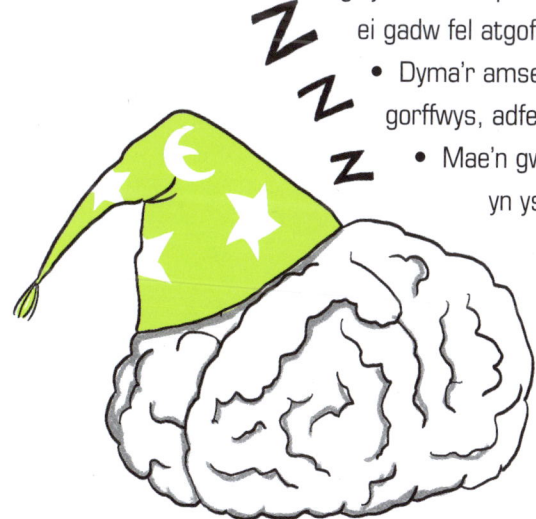

- Mae'n helpu dy ymennydd i drefnu gwybodaeth a phenderfynu beth ddylai gael ei gadw fel atgofion.
- Dyma'r amser pan fydd dy gorff yn gorffwys, adfer a thyfu.
- Mae'n gwella dy ganolbwyntiad yn ystod y dydd fel y galli di ddysgu mwy.
- Mae'n gwella dy allu i ddelio â straen.

- Mae'n hybu dy hwyliau a dy iechyd meddwl.
- Mae'n gwella dy berfformiad corfforol fel bod gen ti fwy o egni i wneud mwy.
- Mae'n rhoi hwb i dy system imiwnedd fel y galli di frwydro afiechydon yn well.
- Mae'n lleihau dy siawns o ddatblygu cyflyrau fel gordewdra, clefyd y galon a chancr.

MAE CWSG YN RHYFEDDOL.

Mae faint yn union o gwsg sydd angen arnat ti'n dibynnu ar dy oedran. Bydd angen mwy o gwsg ar fabis nag oedolion, am eu bod nhw'n tyfu ar raddfa hynod o gyflym mewn amser byr. Bydd pobl ifanc angen rhywbeth rhwng y ddau. Mae pawb yn wahanol. Ond fel rheol, bydd angen tua deg awr o gwsg ar blentyn 8–12 oed, a bydd angen tua naw awr ar bobl ifanc yn eu harddegau.

Sut wyt ti'n gwybod dy fod wedi cael digon o gwsg? Ffordd syml o ddyfalu yw ystyried sut rwyt ti'n teimlo erbyn canol y bore. Os wyt ti'n dal i deimlo'n flinedig, yna bydd angen i ti gysgu mwy heno!

Bydd dy batrymau cwsg yn newid wrth i ti fwrw dy arddegau. Byddi di'n newid o fod eisiau gwely cynnar a chodi ben bore, i'w chael hi'n anoddach i fynd i gysgu a dim awydd deffro'r bore wedyn. Dros dro fydd hyn, ond mae'n newid go iawn sy'n digwydd i'r corff. Nid diog wyt ti – beth bynnag bydd dy rieni'n ei ddweud! Dwed wrthyn nhw bydd dy batrymau cwsg yn newid eto wrth i ti fynd yn hŷn. Byddi di'n cysgu a deffro ar adeg lawer mwy 'call' wedyn!

Sut galla i wella fy nghwsg?

Mae problemau cwsg yn gyffredin iawn mewn pobl ifanc. Fel arfer gallan nhw gael eu datrys gartref. Dyma fy nghyngor cysgu:

1) Ceisia fynd i'r gwely a deffro tua'r un amser pob dydd. Bydd hyn yn helpu dy gorff i ffurfio patrwm.

2) Gwna rywbeth tebyg bob nos er mwyn ymlacio cyn mynd i'r gwely, e.e. cael bath a darllen llyfr.

3) Ceisia beidio defnyddio dyfeisiadau electronig awr cyn mynd i'r gwely. Gall rhain dorri ar draws y cemegion cwsg yn ein hymennydd.

4) Gwna'n siŵr bod dy stafell wely yn gynnes, sych, tywyll, tawel a chyfforddus.

5) Ceisia osgoi yfed neu fwyta cyn mynd i'r gwely, yn enwedig unrhyw beth â chaffein ynddo (e.e. te, coffi, cola). Gall rhain dy gadw ar ddi-hun.

Os wyt ti'n dal i'w chael hi'n anodd cysgu, cer i siarad â meddyg am y peth – efallai bydd angen help proffesiynol arnat ti (yn amlwg, siarada â rhiant neu ofalwr gyntaf).

O MAM FACH, DWI WEDI GWLYCHU'R GWELY

Efallai dy fod ti'n teimlo'n llawer rhy hen i hyn, ond fel meddyg, dwi'n gwybod bod **LLAWER O BOBL IFANC YN DAL I WLYCHU'R GWELY WEITHIAU.** Gall ddigwydd am sawl rheswm. Efallai nad est ti i bi-pi cyn mynd i gysgu, neu gest ti ormod i'w yfed yn rhy agos at amser gwely! Gall hefyd ddigwydd os oes gen ti haint yn y bledren, os nad yw dy bledren yn dal y troeth yn iawn, neu os yw dy gorff yn methu synhwyro bod angen i ti ddeffro er mwyn mynd i'r tŷ bach.

Os yw gwlychu'r gwely yn rhywbeth newydd i ti, a'i fod yn digwydd yn aml, efallai fod angen i ti siarad â meddyg. Paid â theimlo embaras, mae hyn yn llawer mwy cyffredin nag y byddet ti'n meddwl – dwi'n addo. Mae ffordd syml o ddatrys y broblem yn aml iawn.

Y BYD GO IAWN

Un o'r pethau mwyaf ardderchog sy'n digwydd wrth i ti dyfu yw dy fod yn cael mwy o annibyniaeth. Rwyt ti'n treulio llai o amser gyda dy rieni, a mwy o amser ar dy ben dy hun, neu gyda dy ffrindiau. Mae'n deimlad gwych, ond mae hefyd yn golygu bod rhaid i ti fod yn fwy cyfrifol.

A dweud y gwir, roeddwn i'n 'blentyn da iawn' pan oeddwn i dy oed di. Doeddwn i ddim yn berffaith o bell ffordd, ond doeddwn i byth yn camfihafio go iawn. Roedd fy mrawd yn wahanol iawn, ac roedd e mewn trwbwl o hyd.

Fel dysgon ni ym mhennod dau, byddwn ni'n mentro'n fwy wrth i ni dyfu. Mae hyn yn gwbl normal. Y broblem yw bod hyn yn digwydd yr un pryd â'r heriau a'r temtasiynau newydd sy'n ein hwynebu. Weithiau fyddwn ni ddim yn gwneud penderfyniadau doeth, a gallwn fynd i drafferth.

Mae hyn yn arbennig o wir wrth i ni feddwl am bethau fel cyffuriau, alcohol ac ysmygu.

Cyffuriau, 'cyffuriau cyfreithlon' (*legal highs*), alcohol

Dydy hi ddim yn beth anghyffredin i bobl ifanc arbrofi gyda chyffuriau, neu 'gyffuriau cyfreithlon' wrth iddyn nhw dyfu. Yn aml, bydd hyn oherwydd bod eu ffrindiau'n

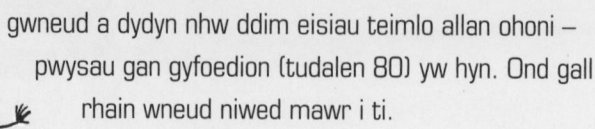

gwneud a dydyn nhw ddim eisiau teimlo allan ohoni –
pwysau gan gyfoedion (tudalen 80) yw hyn. Ond gall
rhain wneud niwed mawr i ti.

Mae cyfreithiau alcohol a chyffuriau'n ddryslyd, felly,
yn syml, dyma'r ffeithiau. Yn y DU mae'n rhaid i ti
fod dros ddeunaw oed er mwyn prynu alcohol, ond
galli di ei yfed pan wyt ti'n iau na hyn, os byddi di
gyda'r teulu.

MAE CYFFURIAU YN ANGHYFREITHLON I BAWB O BOB OEDRAN

Cemegion yw 'cyffuriau cyfreithlon' (*legal highs*) sy'n
gallu effeithio ar sut rwyt ti'n teimlo. Dydyn nhw ddim yn
anghyfreithlon oherwydd eu bod nhw wedi eu creu at ddiben
gwahanol. Dydy hyn ddim yn golygu nad ydyn nhw'n beryglus.
Esiampl dda yw ocsid nitrus, neu 'nwy chwerthin' (*laughing
gas*). Rydyn ni'n defnyddio hyn gyda chleifion
mewn ysbytai er mwyn lleddfu poen, ond caiff
ei gamddefnyddio gan rai pobl er mwyn teimlo'n
benysgafn ac yn 'uchel', yn enwedig mewn gwyliau.
Gall wneud pobl yn sâl iawn.

Mae alcohol yn dy wneud di'n llai swil, yn fwy mentrus, ac
rwyt ti'n fwy tebygol o wneud penderfyniadau drwg neu gymryd
risg ddifrifol, fel aros allan yn rhy hwyr heb ffordd adre, neu fod
yn esgeulus wrth groesi'r ffordd. Gall hefyd dy wneud di'n sâl
iawn, a gallet ti orfod mynd i'r ysbyty os wyt ti'n yfed gormod.
Mae cyffuriau a 'chyffuriau cyfreithlon' yn ddrwg iawn i ti. Fy
nghyngor i: pan wyt ti'n ddigon hen, yfa os wyt ti eisiau gwneud,
ond gwna hyn mewn modd cyfrifol. A phaid â chymryd unrhyw
gyffuriau!

Ysmygu a fêpio

Diolch byth, mae ysmygu'n llai cyffredin ymysg pobl ifanc y dyddiau hyn. Gall ysmygu sigaréts achosi problemau iechyd difrifol ac mae wedi arwain at nifer fawr o bobl yn marw cyn eu hamser. Nid niweidio'r ysgyfaint (a chreu cyflyrau fel cancr) yn unig y byddan nhw, ond gallan nhw hefyd greu problemau yn y galon. Mae'n hawdd iawn mynd yn gaeth unwaith i chi ddechrau ysmygu, felly gwell fyddai osgoi ysmygu'n gyfan gwbl.

Ar y llaw arall, mae **FÊPIO** yn tyfu'n fwy poblogaidd. Yn hytrach na defnyddio sigaréts, wrth fêpio bydd pobl yn anadlu anwedd o ddyfais bach electronig. Gallan nhw edrych yn atyniadol; yn lliwgar â blasau amrywiol, ac mae'r hysbysebion i gyd yn honni eu bod nhw'n well i chi nag ysmygu.

ER NAD YDY FÊPIO MOR NIWEIDIOL AG YSMYGU, DYDY E DDIM YN DDA I DY IECHYD.

Mae'r dyfeisiau yma mor newydd fel nad ydyn ni'n gwybod beth yw eu heffaith yn yr hirdymor. Gall fêpio fod yn ffordd dda i bobl stopio ysmygu, ond ddylai neb ddechrau gwneud am unrhyw reswm arall.

Fy nghyngor i: mae'n well i ti beidio ysmygu a fêpio, ac maen nhw'n costio llawer hefyd. Cynila dy arian ar gyfer rhywbeth gwell!

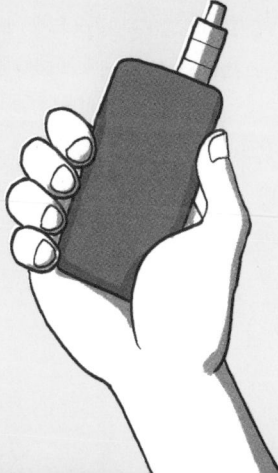

Dyma ni – diwedd y llyfr. Ond dyma ddechrau dy daith anhygoel wrth dyfu i fyny a dod i dy adnabod dy hun. Mae gen ti gymaint i'w wneud a'i ddysgu. Dw'in gobeithio bod y penodau yma wedi rhoi gwybodaeth a chyngor galli di eu defnyddio ar bob cam o'r daith.

Rydyn ni wedi siarad am y newidiadau yn dy gorff a dy feddwl, a sut i edrych ar eu holau. Buon ni'n trafod y berthynas sydd gen ti ag eraill, a'r rhai byddi di'n eu datblygu, a sut i wneud y gorau ohonyn nhw. Ar ôl sôn am ryw, ystyrion ni'r byd ar-lein, a sut galli di fod yn fwy diogel ynddo. Ac yn olaf, dysgon ni sut gallwn ni fyw'r bywyd gorau posib, pob dydd. **FFIW!**

Pan ddechreuais i feddwl am beth i'w gynnwys yn y llyfr hwn, roeddwn i eisiau iddo fod y math o lyfr roedd angen arna i wrth dyfu. Roeddwn am iddo gynnwys gwybodaeth werthfawr, er mwyn fy helpu i ddeall beth oedd yn digwydd ynof fi yn fy arddegau, fel y gallwn i ddeall a wynebu'r byd mawr o fy nghwmpas.

Doedd hi ddim yn bosib trafod popeth. Fel dywedais i, dim ond y dechrau yw hwn. Dy daith di yw hon, felly cer amdani.

Mae'n eitha tebygol bod yna bethau sy'n dal i dy ddrysu. Neu efallai fod gen ti ragor o gwestiynau. A dyna pam dwi wedi ailadrodd (dro ar ôl tro, dwi'n gwybod!) bod angen i ti ofyn i oedolyn os wyt ti'n poeni am rywbeth, neu droi at rai o'r adnoddau gwybodaeth dwi wedi'u rhestru ar ôl y bennod hon.

Os wyt ti'n dal i deimlo bod angen map arnat ti er mwyn deall y daith dyfu, **DWYT TI DDIM AR DY BEN DY HUN**. Mae'r cyfnod hwn yn gallu teimlo'n FAWR a llethol. Felly fy nghyngor olaf yw i geisio dysgu oddi wrth bobl eraill. Dyma pam bod gyda ni fodelau rôl neu arwyr, pobl byddi di'n eu hedmygu sy'n dy ysbrydoli. Rhywun ar y teledu, ar-lein, neu berson go iawn. Mae pobl fel hyn yn gwneud i ni feddwl, 'rhyw ddiwrnod, dwi eisiau bod fel ti.'

Un o fy modelau rôl oedd y cymeriad Dr Doug Ross yn y rhaglen deledu Americanaidd *ER* (a'r actor oedd George Clooney). Roedd e'n ddeallus ac yn ddoniol, ac yn dda iawn yn ei waith, yn enwedig mewn argyfwng. Oherwydd, dyna beth oedd e – pediatrydd, fel fi, heddiw. Yn anffodus, dwi ddim mor ddoniol â fe, ond does neb yn berffaith! Does dim rhaid i'r person rwyt ti'n ei edmygu wneud swydd ddelfrydol, ond os wyt ti'n hoffi'r ffordd maen nhw'n gweld y byd, eu gwerthoedd nhw, neu eu sgiliau dawnsio gwyllt, yna gallai hyn ddangos y ffordd i ti fyw dy fywyd.

Efallai bydd dy fodel rôl yn newid dros amser, oherwydd bydd ein gobeithion a'n breuddwydion yn newid wrth i ni dyfu. Mae sut rwyt ti'n teimlo heddiw yn wahanol iawn i sut byddi di mewn blynyddoedd. Cymer un dydd ar y tro, defnyddia'r cyngor rwyt ti wedi'i gael yn y llyfr hwn, ac oddi wrth bobl eraill, ac aros i weld beth ddaw – dyna'r rhan gyffrous!

Wedi'r cyfan, er ei bod hi'n bwysig cymryd cyngor gan y bobl o dy gwmpas a gwrando ar eu profiad, ar ddiwedd y dydd, ti sy'n penderfynu pwy wyt ti, sut fyddi di'n byw dy fywyd fel oedolyn, a beth fydd dy fantra.

Y? DY BETH, RANJ?

MANTRA yw moto neu arwyddair bywyd i'w gofio bob dydd. Beth am i ti feddwl am un? Dyma fy un i:

BREUDDWYDIA'N FAWR.
GWEITHA'N GALED.
BYDD YN GAREDIG.

Dyna'n fras y rheolau dwi'n ceisio'u dilyn bob dydd.

Magwraeth syml ges i, ac roedd breuddwydio'n fawr yn fy atgoffa gallai bywyd fod yn wych yn y pen draw. Ond ddigwyddai hynny ddim heb waith caled. Roedd rhaid i fi weithio er mwyn gorffen yn yr ysgol a'r brifysgol, i gael dod yn feddyg a chael swydd ym myd teledu, ac yna ymlaen at wireddu breuddwydion na wnes i erioed ddychmygu y gallen nhw ddod yn wir! Roedd yr holl waith wedi talu ffordd yn y pen draw.

Dwi bob amser wedi ceisio bod yn garedig ar bob cam o'r daith. Mae bod yn ffeind yn haws ac yn fwy defnyddiol na bod yn gas. Os byddi di'n garedig wrth eraill, byddan nhw'n dy helpu pan fydd angen arnat ti hefyd, gobeithio. Dwi heb gyrraedd lle ydw i heddiw ar fy mhen fy hun. Yn ail, sylweddolais i ei bod hi'n hollbwysig bod yn garedig wrthot ti dy hun. **DIM OND POBL YDYN NI, AC ALLWN NI DDIM GWNEUD POPETH**. Pan fyddi di'n derbyn na alli di wneud popeth, ac na fyddi di bob amser yn cael popeth yn iawn, bydd dy fywyd yn haws ac yn llai o straen.

Mae defnyddio fy mantra wedi fy arwain i lle ydw i heddiw. Mae wedi fy helpu i sylweddoli pwy ydw i a beth sy'n bwysig i fi. Mae wedi caniatáu i fi deimlo'n hyderus ac i gael perthynas fendigedig gyda phobl eraill. Mae wedi rhoi i mi fywyd dwi'n ei garu. Ac yn fwy na dim, mae wedi rhoi'r gallu i fi deimlo'n falch o bwy ydw i.

Felly dyma'r rhan lle dwi'n codi bawd (neu'n rhoi pawen lawen i ti) a dymuno'r gorau i ti ar dy daith anhygoel a phersonol di wrth i ti dyfu a dysgu pwy wyt ti. Paid â phoeni, byddi di'n hollol iawn! Mae gen i bob ffydd ynot ti. Meddylia am yr holl bethau ddysgaist ti yn y llyfr hwn. Cymer anadl fawr, cofia beth dwi wedi'i ddweud, a chymer dy gam cyntaf ar y daith dyfu. Os wyt ti'n teimlo dy hun yn dechrau simsanu, paid ag anghofio syllu drwy'r ffenest cyn cysgu. Pa mor anhygoel o wyrthiol yw hi dy fod wedi dy wneud o'r un deunydd â'r sêr? Mae hynny'n profi dy fod yn hollol, hollol wych yn barod.

Dewis Dr Ranj: Caneuon tyfu i fyny

'WHO YOU ARE' - JESSIE J

'THIS IS ME' - KEALA SETTLE AND THE GREATEST SHOWMAN ENSEMBLE

'HAKUNA MATATA' - THE LION KING

'I'LL BE THERE FOR YOU' - THE REMBRANDTS

'LET'S TALK ABOUT SEX' - SALT-N-PEPA

'BEAUTIFUL PEOPLE' - ED SHEERAN

'GOOD AS HELL' - LIZZO

Beth yw dy hoff ganeuon Cymraeg?
Beth am greu dy restr wrando dy hun?

Adnoddau

MEIC https://meiccymru.org
080880 23456
Testun: 84001
Cymorth i blant a phobl ifanc (hyd at 25 oed)
rhwng 8yb a chanol nos, 7 diwrnod yr wythnos.

Meddwl.org https://meddwl.org
Mae meddwl.org yn lle i gael cefnogaeth a
gwybodaeth, ac i ddarllen a rhannu profiadau
iechyd meddwl – i gyd drwy gyfrwng y Gymraeg.

GIG https://www.nhs.uk
Mae gan wefan y GIG restr o gyflyrau iechyd yn
nhrefn yr wyddor, gan gynnwys iechyd meddwl.
Yma hefyd mae dolenni er mwyn canfod help
ychwanegol os oes angen. Ar gyfer oedolion
mae'r wefan yn bennaf, ond mae'r deunydd yn
ddefnyddiol i bobl ifanc yn ogystal.

Bwytàn Dda / Eatwell Guide
https://www.nhs.uk/live-well/eat-well/the-
eatwell-guide
Neu https://www.llyw.cymru/canllaw-bwytan-
dda
Gwybodaeth am fwyta'n iach a chytbwys.

Kids Health https://kidshealth.org
Gwefan Americanaidd sy'n helpu plant, pobl
ifanc ac oedolion i fod yn gyfrifol am eu hiechyd.
Mae tipyn o wybodaeth am iechyd corfforol a
meddyliol yma hefyd.

Childline https://childline.org.uk
0800 1111
Caiff Childline ei redeg gan elusen yr NSPCC, ac
mae'n helpu pobl dan 19 oed. Mae gwybodaeth
a chyngor am bopeth yma, o ffrindiau a
pherthynas ag eraill, i fywyd ysgol a'r cartref.
Mae modd cael cefnogaeth unigol drwy sgwrsio
ar y we, neu galli di alw'r llinell gymorth.

Young Minds https://youngminds.org.uk
Dyma un o'r prif elusennau iechyd meddwl
i blant. Galli di ddod o hyd i help ar lawer o
faterion lles meddwl ac mae llinell gymorth
benodol i rieni a gofalwyr.

Anti-Bullying Alliance https://www.anti-
bullyingalliance.org.uk
Mae'r wefan hon yn llawn gwybodaeth am fwlio
a sut i ddelio â hyn, ac yn cynnwys manylion am
dy hawliau a'r gyfraith.

Ditch the Label https://ditchthelabel.org
Elusen gwrth-fwlio ryngwladol i unrhyw un 12 –
25 oed sydd angen cymorth wrth ddelio â bwlio,
hyder, hunan-barch neu ddod allan.

Just Like Us https://www.justlikeus.org
Elusen i bobl ifanc sy'n anelu at hyrwyddo
amrywiaeth mewn ysgolion. Byddan nhw'n
arwain Wythnos Amrywiaeth yn flynyddol.

ERIC https://eric.org.uk
Y brif elusen pledren a choluddyn ar gyfer plant
a phobl ifanc. Mae ganddyn nhw wybodaeth ar
gyfer plant a phobl ifanc yn eu harddegau sy'n
cael trafferthion tŷ bach, gan gynnwys gwlychu'r
gwely.

FRANK https://www.talktofrank.com
Gwybodaeth gyfredol a syml am gyffuriau ac
alcohol. Mae wedi'i hanelu at blant hŷn a phlant
yn eu harddegau.

ROSPA https://rospa.com
Elusen sy'n rhoi cyngor am ddamweiniau,
anafiadau a chadw'n ddiogel, ar gyfer y teulu
cyfan.

AP CWTSH https://apcwtsh.cymru
Ap myfyrfio a meddwlgarwch drwy gyfrwng y
Gymraeg – i'ch helpu chi i ddod i nabod eich
hun.

Mae'r apiau canlynol yn cael eu cefnogi gan y
GIG, ac ar gael ar gyfer pobl ifanc.

NHS Go
Cyngor iechyd cyfrinachol i bobl ifanc.

MeeTwo
Lle diogel i bobl yn eu harddegau i drafod
unrhyw fater sy'n effeithio ar eu bywydau.

Brush DJ
Helpu pobl ifanc i ofalu am eu dannedd mewn
ffordd hwyliog.

Chill Panda
Dysga am dechnegau anadlu er mwyn helpu
ymlacio neu ddelio â straen a phryder.

Geirfa

acne: Smotiau coch ac olewog ar y corff neu'r wyneb, sy'n digwydd yn ystod y glasoed.

afal breuant: Rhan o'r blwch llais sydd i'w weld yn y gwddf ac sy'n tyfu'n fwy yn ystod y glasoed.

alldafliad: Pan mae sberm yn cael ei ryddhau o gorff bachgen yn ystod gweithred rywiol.

amygdala: Rhan o'r ymennydd sy'n gysylltiedig â phrofi emosiynau.

anhwylder bwyta: Ffordd annormal a niweidiol o fwyta, meddwl neu ymddwyn o gwmpas bwyd.

anrhywiol: Rhywun nad ydyn nhw'n teimlo atyniad rhywiol tuag at bobl o'r un rhyw, na'r rhyw arall.

atal cenhedlu: Rhywbeth sy'n stopio merched rhag beichiogi wrth gael rhyw.

blaen-ymennydd: Rhan o'r ymennydd sy'n delio â meddyliau cymhleth a phersonoliaeth.

blew piwbig: Blew ar yr organau cenhedlu sy'n datblygu yn ystod y glasoed.

braster: Math o faetholyn mewn bwyd sydd hefyd yn ffordd i'r corff storio egni.

breuddwyd wlyb: Breuddwyd rywiol pan fydd person, o bosib, yn cael orgasm ac yn alldaflu yn eu cwsg.

carbohydrad: Grŵp o faetholion mewn bwyd, yn cynnwys siwgr sy'n cael ei ddefnyddio gan y corff i wneud egni.

cell nerfol: Math o gell sy'n cludo arwyddion trydanol ac yn ffurfio rhan o'r ymennydd neu'r system nerfol.

codiad: Pan mae pidyn bachgen yn mynd yn galed, yn ystod gweithred rywiol, fel arfer.

cwpan mislif: cwpan bach sy'n cael ei roi yn y wain er mwyn casglu'r mislif. Caiff ei wagio a'i ailosod.

cydsyniad: Caniatâd i wneud rhywbeth, e.e. cyn cael rhyw gyda rhywun.

cyfergyd: Anaf i'r ymennydd wrth daro'r pen.

cyfunrywiol: Rhywun sy'n teimlo atyniad rhywiol tuag at rywun o'r un rhyw.

cylchred fislifol: Cylchred fisol croth merch sy'n gwneud beichiogi'n bosib (neu sy'n gorffen â mislif).

delwedd corff: Beth wyt ti'n ei weld pan rwyt ti'n edrych arnat ti dy hun, a sut mae'n gwneud i ti deimlo.

deurywiol: Rhywun sy'n teimlo atyniad rhywiol tuag at bobl o'r un rhyw â nhw, a'r rhyw arall.

endorffins: Cemegion sy'n cael eu rhyddhau gan y corff sy'n gwneud i ti deimlo'n dda.

enwaediad: Y broses o dynnu blaengroen bachgen.

glasoed: Cyfnod o newidiadau corfforol sy'n digwydd wrth i ti droi o fod yn blentyn i fod yn oedolyn.

iechyd meddwl: Term sy'n cael ei ddefnyddio i ddisgrifio iechyd neu les y meddwl.

fflworid: Mineral sy'n cryfhau dannedd. Caiff ei roi mewn past dannedd weithiau.

heterorywiol: Rhywun sy'n teimlo atyniad rhywiol tuag at rywun o'r rhyw arall.

hormonau: Cemegion sy'n cael eu cynhyrchu gan y corff sy'n bwysig wrth dyfu ac yn ystod y glasoed.

hunaniaeth: Pwy wyt ti, neu sut rwyt ti'n teimlo (e.e. rhywedd: gwrywaidd neu fenywaidd).

labia: Plygiadau croen ar y corff sy'n gorchuddio agoriad gwain y ferch.

lesbiad: Merch sy'n teimlo atyniad rhywiol tuag at ferch arall.

LHDT+: Gair i ddisgrifio pobl sydd ddim yn 'syth' neu'n heterorywiol (e.e. lesbiaidd, hoyw, deurywiol, traws ac eraill).

mandwll: Agoriadau pitw bach yn y croen sy'n rhyddhau olew a chwys.

mastyrbio: Rhwbio neu gyffwrdd ag organau rhywiol i gael pleser.

mislif: Gwaed yn cael ei ryddhau drwy'r wain o'r groth bob mis, pan fydd y leinin yn dod i ffwrdd.

newyddion ffug: Newyddion ar-lein sydd ddim yn wir, ond sy'n cael ei ohebu fel tasai'n wirionedd.

organau cenhedlu: Organau rhywiol sydd y tu mewn neu ar y tu allan i gorff merch neu fachgen.

orgasm: Teimlad dwys o bleser sy'n digwydd yn ystod alldafliad fel arfer.

pad mislif: Pad sy'n cael ei ddefnyddio gan ferched ar eu dillad isaf i gasglu unrhyw hylif, e.e. rhedlif (*discharge*) neu fislif.

papiwlau pidyn: Smotiau bach ar flaen y pidyn. Mae'n gwbl normal i'w cael.

poenau prifio: Poenau yn y coesau sy'n dod ar hap a heb reswm i blant wrth dyfu.

pornograffi: Deunydd rhywiol (mewn print, ar-lein, ar sgrin) sy'n cael ei ddefnyddio er mwyn cyffroi.

pwl o banig: Pwl sydyn o bryder neu ofn sy'n aml i'w deimlo yn y corff.

pwysau gan gyfoedion: Teimlo pwysau i wneud rhywbeth oherwydd rhywun arall.

rhagchwarae: Unrhyw weithgaredd rhwng dau berson sy'n eu cyffroi cyn cael rhyw.

rhyw: Y cyflwr, ar adeg dy eni, o fod yn ferch neu'n fachgen, neu air i ddisgrifio rhyw neu weithred rywiol.

rhyw diogel: Defnyddio dulliau atal cenhedlu yn ystod rhyw er mwyn diogelu rhag beichiogi neu heintiau (STI).

rhywedd: Y rhyw sy'n teimlo'r agosaf at bwy wyt ti, ac rwyt ti'n uniaethu ag ef (e.e gwrywaidd neu fenywaidd).

sberm: Celloedd arbennig sy'n cael eu creu yng ngheilliau bachgen, sy'n helpu i wneud babi.

sebwm: Hylif olewog sy'n cael ei ryddhau drwy mandyllau yn y croen.

semen: Hylif melynwyn sy'n cynnwys sberm o'r ceilliau.

smegma: Stwff melynwyn sy'n casglu dan flaengroen bachgen.

syndrom cyn mislif (PMS): Teimladau neu hwyliau amhleserus mae merched yn eu cael cyn i'w mislif ddechrau.

tampon: Defnydd sy'n cael ei roi yng ngwain merch er mwyn amsugno gwaed y mislif, fel plwg.

teulu cyfunol: Teulu o ddau riant, a'u plant nhw o berthynas flaenorol.

traws/trawsryweddol: Rhywun sy'n uniaethu â rhyw wahanol i'r un cawson nhw eu geni.

wy: Celloedd arbennig sy'n cael eu rhyddhau gan ofarïau merch pob mis sy'n helpu i wneud babi.

ymarfer corff aerobig: Unrhyw ymarfer corff sy'n cynnwys symud o gwmpas a gwneud i dy galon guro'n gyflymach.

Mynegai

Cydnabyddiaethau

Dwn i ddim ble i ddechrau! Mae 'na gymaint o bobl anhygoel wedi helpu i greu'r llyfr hwn. Dwi am i chi i gyd wybod fy mod i'n gwerthfawrogi pob un ohonoch.

Mae'n rhaid i fi ddweud diolch yn fawr iawn i'r tîm yn Hachette am gymryd siawns a rhoi'r cyfle gwych hwn i fi – yn enwedig Liza Miller. Allwn ni ddim fod wedi gwneud hyn hebddot! Fe wnest ti fy helpu i ddod o hyd i fy llais, a bydda i wastad yn ddiolchgar am hynny. Diolch hefyd i weddill y tîm: Sadie Smith, Laura Hambleton, Debbie Foy, Emma Blackburn, Nicola Goode, Dominic Kingston a James McParland, sydd wedi bod mor wych i weithio gyda nhw.

Diolch yn anferthol i'r darlunydd, David O'Connell, am ddod â fy syniadau'n fyw mewn ffordd mor hyfryd. Rwyt ti wir wedi taro'r hoelen ar ei phen!

Diolch i fy nhîm rheoli: fy ffrindiau, sy'n fy arwain a'm cefnogi. I Craig Latto, sydd rywsut bob amser yn gwybod beth sydd ar fy meddwl – yr asiant gorau gallwn fod wedi'i gael. I Jamie Brenner, am nad oes unrhyw dasg yn rhy fawr nac yn rhy fach iddo, a galla i ddibynnu arno bob tro. Ac i KT Forster annwyl, am beidio â cholli ffydd ynof i, a gwneud yn siŵr nad oedd fy ansicrwydd yn cael y gorau arna i. Ein sgyrsiau dros baneidiau di-ri o de oedd calon y llyfr hwn, ac roedd dy gyngor gwerthfawr yn rhoi hyder i fi pan oeddwn i wir ei angen. Diolch hefyd i Maisy Tindle am wirio'r bennod am y We. Roedd dy adborth yn wych!

Mae'n rhaid i fi grybwyll yma fy holl gydweithwyr anhygoel yn y GIG. Diolch am fy atgoffa'n gyson o'r hyn sy'n bwysig ac am gadw fy nhraed ar y ddaear. Yn enwedig y menywod rhyfeddol Tanya Gill a Miriam Fine-Goulden. Mae eich cyfeillgarwch a'ch cefnogaeth wastad mor amlwg a phwysig, ac rydych chi'n fy ysbrydoli bob dydd. Rydych chi wedi bod yn gefn i fi, fel y bydda i i chi, am byth.

Yn olaf, ond nid yn lleiaf o bell ffordd, dwi am ddweud diolch o waelod calon i'm ffrindiau a'm teulu. Dwi wedi dweud sawl gwaith o'r blaen, a dwi am ddweud eto: chi yw'r rheswm galla i wneud yr hyn dwi'n ei wneud. Mae eich caredigrwydd yn golygu popeth. Yn enwedig Emma Morris sydd wedi gwrando, procio fy nghydwybod ac wedi bod wrth fy ochr drwy gydol hyn. Dwi'n lwcus tu hwnt i gael ffrind fel ti. A fy mhartner dawns am oes, Janette. Mae cymaint o'r hyn rwyt ti wedi'i ddysgu i fi yn y llyfr hwn — caru ti blodyn!

Wrth dyfu, doeddwn i byth yn meddwl y byddwn i'n gwneud rhywbeth fel hyn ryw ddiwrnod. Mae hyn yn wir yn freuddwyd i fi, a dwi'n dal i binsio fy hun! Mae'r bachgen bach hwnnw a oedd eisiau bod yn hapus, ond a gadwodd bopeth wedi'i gladdu'n ddwfn y tu mewn, o'r diwedd wedi cael cyfle i siarad. Ysgrifennais hwn i ti. Dwi am i ti wybod dy fod ti'n anhygoel, hyd yn oed os nad wyt ti'n credu hynny.

A plis, paid â phoeni. Mae'r cyfan yn gwella.

R x